edition suhrkamp 2001

›Qui fecit‹ heißt es in der katholischen Liturgie. In diesem pikaresken und barocken Kleinroman *Quifezit* lautet die Frage: Wer erschafft was? Über dreiunddreißig Stationen hinweg schickt der junge Autor Gion Mathias Cavelty seine Leser auf eine metaphorische Reise, in Traumabenteuer und künstliche Welten, voll Witz und komischem Wahnsinn im Figurengewimmel – vom Priester zum Physiklehrer, vom philosophierenden Pudel zur Pianistin. Cavelty jagt uns durch Metamorphosen, überrascht uns mit Absonderlichkeiten und den widersinnigen, unsinnigen und tiefsinnigen Dialogen voll Esprit. Wir lesen vom Triumph der Liebe auf einer Insel und haben nach dieser Lebenserfindung einen neuen Schriftsteller entdeckt, der in die deutschsprachige Literatur, Kunstmärchen und Nonsensliteratur eher abgeneigt, die seltenen Töne und literarischen Tollheiten eines Lewis Carroll oder Jonathan Swift bringt.

»Ein außerordentliches Buch. Ich hätte große Lust, es zu schreiben« – so endet dieses schelmische Buch um ›Kruzifixe, Kardinäle und ein sprechendes Spermium‹.

Gion Mathias Cavelty, Jahrgang 1974, geboren und aufgewachsen in Chur/Schweiz, studiert in Fribourg Italienisch, Rätoromanisch und Englisch.

Foto: Susi Haas

Gion Mathias Cavelty

Quifezit

oder

Eine Reise im Geigenkoffer

Suhrkamp

edition suhrkamp 2001
Erste Auflage 1997

Erstausgabe

Satz: Gutfreund, Darmstadt
Druck: Nomos Verlagsgesellschaft, Baden-Baden
Umschlag gestaltet nach einem Konzept
von Willy Fleckhaus: Rolf Staudt
Printed in Germany

1 2 3 4 5 6 – 02 01 00 99 98 97

Quifezit

Für S.

»Is that all?« Alice timidly asked.
»That's all«, said Humpty Dumpty.
»Good-bye.«

Lewis Carroll
Through the Looking-Glass

1. Introitus

Seit meinem einundzwanzigsten Lebensjahr wohnte ich in einem alten Turm, der fünf Wohnungen umfaßte und seit Menschengedenken nicht renoviert worden war.

Einmal im Monat brachte die Post den Einzahlungsschein für die Miete. Der einzige im Turm, der sie regelmäßig bezahlte, war ein Priester, der im Stockwerk über mir wohnte. »Es gehört sich nämlich so und nicht anders«, lautete seine Begründung.

Anderer Ansicht war ein kleingewachsener und äußerst häßlicher Physiklehrer, dessen Wohnung sich unter der meinen befand. »Ich habe meine Miete in den letzten sieben Jahren kein einziges Mal bezahlt, und nie hat einer reklamiert, was beweist, daß der Eigentümer des Turmes entweder gestorben ist oder überhaupt nie existiert hat.«

In diesem Punkt hatte er recht: Niemand hatte den Vermieter je zu Gesicht bekommen. Nur der Priester behauptete, er habe einmal einen weißhaarigen Mann im Treppenhaus Rumba tanzen sehen, der ohne weiteres der ominöse Eigentümer hätte sein können.

Ebenfalls nicht an die Existenz des Besitzers glaubte der vierte Mieter, ein fetter schwarzer Pudel, der im Estrich des Turmes wohnte. Seine Zeit verbrachte er mit dem Fressen von Quarkauflauf und dem Wälzen philosophischer Bücher. Denn die einzigen zwei Vorschriften der Hausordnung lauteten: ›Du sollst keinen Quarkauflauf essen und keine blöden Fragen stellen‹, und unbändig war das Verlangen des Pudels, gegen alle Gebote zu verstoßen.

Über die fünfte Mieterin, eine im vierten Stock lebende Pianistin, wußte niemand etwas, außer daß sie mit penetranter Boshaftigkeit von Punkt halb sieben bis halb acht Uhr abends ihrem Piano Töne entlockte, die künftige Höllenmartern erahnen ließen.

Ich persönlich hielt es mit der Miete so, daß ich sie jeden dritten Monat zu einem Viertel bezahlte.

Eines Abends stand der Priester vor der Tür meiner Wohnung.

»So darf das nicht weitergehen.«

»Wie bitte?« fragte ich desinteressiert.

»Sie wissen, was ich meine«, antwortete der Priester ernst. »Sie bezahlen Ihre Miete nicht korrekt. Wenn Sie Ihre Miete nicht in richtiger Art und Weise entrichten, werden Sie in der Hölle landen. Ich spaße nicht. Ich habe das gleiche schon dem Pudel und dem Physiklehrer prophezeit, und die beiden haben über meine Worte gelacht. Der Herr wird sie dafür strafen.«

»Danke für den Hinweis. Auf Wiedersehen!«

»Das mit der Miete ist nicht alles. Ich weiß noch anderes über Sie. So zum Beispiel, daß Sie vor drei Wochen Quarkauflauf zum Abendessen hatten. Sie wissen, daß das verboten ist.«

»Sagen Sie das dem Vermieter, wenn Sie ihn mal treffen. Guten Abend!«

»Sie werden's bereuen, Sie werden's bitter bereuen, daß Sie nicht auf mich gehört haben!« rief der Priester wütend und ging.

Ich schloß die Tür und hatte den Vorfall schon vergessen.

Des Nachts aber, als ich im Bett lag und nicht einschlafen konnte, kamen mir die Worte des Priesters jäh in den Sinn.

›Die Hölle? Sicher kein sehr angenehmer Ort. Da wird es einem wahrscheinlich rasch langweilig. Und heiß soll's sein! Nein, ich habe wirklich keine Lust, dort zu landen. Ich muß sofort mit dem Priester reden!‹

Ich sprang aus dem Bett, rannte die Treppe hinauf zur Wohnung des Priesters und klopfte stürmisch. Es dauerte einige Zeit, bis sich die Tür öffnete.

»Hören Sie mich an!« flehte ich. »Ich will nicht ins Inferno!«

Der Priester nickte wieder ernst. »Kommen Sie rein!«

2. Die Lektion des Priesters

Wir betraten einen kleinen Raum, der vollgestopft war mit Heiligenstatuen und anderen religiösen Gegenständen.

»Setzen Sie sich!« forderte mich der Priester auf. »Sie haben also eingesehen, daß Sie ein gottloses Leben geführt haben, und wollen dies grundlegend ändern. Gut so. Ich werde Ihnen dabei helfen. Hören Sie nachfolgende Gebote, und wenn Sie sich daran halten, wird Gott Ihnen verzeihen.«

Er räusperte sich und begann:

»Du sollst nicht stehlen, heucheln, lügen,
Begehren deines Nachbarn Gut!
Nicht ehebrechen und betrügen,
Vergießen keinen Tropfen Blut!«

An dieser Stelle unterbrach der Priester seine Rezitation. »Diese Gebote dürften Ihnen bekannt sein, sie stehen in jeder Bibel. Kommen wir nun zu denjenigen Geboten, die nicht in der Heiligen Schrift zu finden, die für das Seelenheil des Menschen aber trotzdem von ungeheurer Wichtigkeit sind und gar nicht genug betont werden können:

Du sollst nicht Rechenschaften fordern
Von Papst und Gott und Vaterland!

Gehorsam leiste allen Ordern
Der Männer aus dem Klerusstand!

Du sollst nicht müssen, sollst nicht sollen,
Vergnügen soll dir sein dein Los!
Du sollst nicht murren und nicht grollen
Und essen keine Apfelsoß!

Du sollst nicht blöde Fragen stell'n,
Gehorchen sei dir erste Pflicht!
Nicht sollst du wie die Hunde bell'n,
Denn bellen ist dein Metier nicht!

Du sollst Ihn preisen, sollst Ihn loben,
Denn alles Gute kommt von oben!
Laß ab von Quarkauflauf mit Wein!
Komm her, mein Sohn, sag ja, schlag ein!«

Das Ganze hatte mich entsetzlich kaltgelassen. ›Doch wenn das der Weg sein soll, der in den Himmel führt, will ich ihn gehen.‹

»Ihre Worte«, säuselte ich, »haben mir tiefen Eindruck gemacht und mich erschüttert. Nie wieder will ich Quarkauflauf mit Wein essen!«

»Auch keinen Quarkauflauf mit Bier!«

»Nein.«

»Überhaupt keinen Quarkauflauf mehr! Und nichts, was mit ›Q‹ anfängt oder mit ›Q‹ aufhört!«

»Niemals wieder.«

»Gut so. Fünfhundertfünfundfünfzig Franken macht's, und der Herr wird Ihnen vergeben.«

»Fünfhundertfünfundfünfzig Franken? Das ist arg viel.«

»Du sollst keine blöden Fragen stellen, heißt eins der Gebote. So, rüber mit dem Geld. Danke. Und nun wünsche ich Ihnen eine gute Nacht.«

Ich ging in meine Wohnung hinunter und legte das Geld für die Miete bereit. Dann schlief ich erleichtert ein.

3. Die Lektion des Physiklehrers

Eines Morgens, als ich gerade meine Wohnung verlassen hatte, sah ich den Physiklehrer unter großen Anstrengungen einen Kehrichtsack die Stufen des Treppenhauses hinunterschleifen.

»Guten Morgen!« grüßte ich.

»Morgen!« antwortete der Physiklehrer mit apathischer Stimme.

»Soll ich Ihnen helfen? Sie werden ja fast zerdrückt.«

Der Physiklehrer, der, wie erwähnt, ausgesprochen klein von Wuchs war, was konkret bedeutete, daß er einen Gartenzwerg knapp überragte, schnitt eine fürchterliche Grimasse und kam drohend auf mich zu.

»Sie können sich von mir aus ruhig über meine Größe lustig machen. Denken Sie aber bloß nicht, daß Sie mir auch geistig gewachsen, geschweige denn überlegen sind! Ich mag vielleicht klein sein, aber blöd bin ich deswegen noch lange nicht!«

Er fletschte seine Zähne und zerrte mich in seine Wohnung. Der Raum, in den er mich führte, war schwach beleuchtet und mit sibirischer Kälte erfüllt. Auf einem großen Schreibtisch lag die Leiche eines weißgekleideten Engels, dessen goldene Flügel abgesägt worden waren, an der Decke baumelten sieben kleine Gnome mit langen Bärten, in einem eisernen Käfig lag regungslos ein Wesen mit drei Köpfen und sieben Schwänzen.

»So!« sagte der Physiklehrer und rieb sich seine Hände. »Nun hören Sie genau zu. Sie und der debile Priester denken, Sie sind mir überlegen. Doch da haben Sie sich geschnitten!

Schreibmaschinen, Herbstzeitlosen
Schinkenbrot und Sieg
Langhaardackel, Vanillesaucen
Wagners Büste, Krieg

Besenkammern, Subtraktionen
Tod und Teufel, Schnee
Liebe, Skrupel, blaue Bohnen
Aschenbrödels Fee

Leben vor und Leben während
Leben auf und nach dem Tod
Omas Katze, lang schon gärend
Himmelblau und rot –«

»Was soll das Ganze eigentlich?« fragte ich an dieser Stelle ziemlich gereizt.

»Passen Sie gefälligst auf!« schnarrte der Physiklehrer und fuhr fort:

»Wenn du denkst, du fliegst,
Wenn ein Hexenschuß dich quält,
Wenn du glaubst, du liebst,
Wenn dich wer für Lenin hält,

Was auch nur erdenken kannst
Du mit deiner Phantasie,
Ist pure, herrliche,
Phantastisch wunderbare CHEMIE!

CHEMIE ist, was du hustest,
CHEMIE ist, was du schreist,
CHEMIE ist, wenn der böse Wolf
Dem Schaf den Kopf abbeißt!

CHEMIE ist hier, CHEMIE ist dort,
CHEMIE ist alles, kein Widerwort!
CHEMIE bist du, CHEMIE bin ich,
CHEMIE ist gut, damit hat's sich.

Was sagen Sie nun?«

»Nicht gerade ein Meisterstück der Metrik«, wagte ich zu behaupten.

»Mit den ersten paar Strophen bin ich zufrieden, am Rest muß ich noch feilen.«

»Tun Sie das.«

»Und wenn Sie es noch einmal wagen, mich lächerlich zu machen, dann gnade Ihnen Gott!«

»Den gibt's ja offenbar nicht.«

»Aus meinen Augen!«

Ich lächelte und ging.

4. Die Lektion der Pianistin

Es war an einem schwülen Abend um kurz vor halb sieben, ich hatte eben mein Nachtessen eingenommen und stellte mich auf die nun drohende Musikstunde der Pianistin ein, als ich aus dem Treppenhaus plötzlich wundersame Geigenmusik vernahm. Dort stand ein dicker rotlockiger Jüngling, bekleidet mit einem schwarzen Smoking.

»Hallo!« sagte er, als er mich erblickte. »Ich heiße Russell, ich übe hier nur ein bißchen. Sie müssen entschuldigen, ich bin leider völlig unmusikalisch.«

»Aber Ihr Geigenspiel ist doch ausgezeichnet«, erwiderte ich beeindruckt.

In diesem Moment kam die Pianistin die Treppe hinunter und winkte Russell zu sich in die Wohnung. Nach ein paar Minuten ertönte die wunderschönste Musik, die ich je gehört hatte; es war, wenn mich nicht alles täuschte, Beethovens Kreutzersonate. Mit offenem Mund lauschte ich, die absolute Harmonie ließ mich erschaudern.

›Alle‹, dachte ich, ›alle spielen ein Instrument, nur ich nicht.‹

Diese Tatsache konnte ich nicht auf sich beruhen lassen. Ich verließ die Wohnung mit dem Ziel, eine Geige zu kaufen. In der Stadt gab es nur einen Geigenbauerladen, der gehörte einem alten Kriegskrüppel namens Kalaschnikoff. Auf der Schwelle zu seinem

Geschäft krabbelten Dutzende von unansehnlichen schwarzen Grillen herum, die mich sehr ekelten, doch mit einem lässigen Schritt setzte ich mich über das Hindernis hinweg und stand im düstern Ladeninnern. Ich sah mich um; in diesem Moment humpelte auch schon Kalaschnikoff herbei und machte eine tiefe Verbeugung.

»Was darf's denn sein, der Herr?« fragte er mit einer etwas zu freundlichen Stimme.

»Eine Geige, bitte«, sagte ich, »aus schönem rotem Holz.«

»Eine Geige? Wieso ausgerechnet eine Geige? Hören Sie: Ich kann Ihnen ein phantastisches transportables Harmonium anbieten, es ist nur dreißig Zentimeter hoch, paßt in jeden Rucksack...«

»Ich will aber eine Geige«, sagte ich bestimmt, »und zwar die, die auf dem Stuhl dort liegt.«

»Ich verkaufe Ihnen diese Geige nicht!« schrie Kalaschnikoff.

»Dann«, schrie ich zurück, »nehme ich sie mir!«

Ich sprang auf den Stuhl zu, packte die Geige und den daneben liegenden Bogen und rannte auf den Ausgang zu. Doch die Grillen hatten inzwischen die Größe von Hunden angenommen und machten keine Anstalten, mich hinauszulassen. Da packte mich eine ungeheure Wut: Ich schlug wie wild mit der Geige auf die Insekten ein, daß ihre Panzer nur so krachten, und erkämpfte mir den Weg ins Freie.

»Warten Sie nur!« schrie mir Kalaschnikoff hinterher, »das wird Folgen haben!«

In meiner Wohnung streichelte ich liebevoll die Geige. Ich fühlte mich wie neu geboren. Leider mußte ich schon bald feststellen, daß ich mir, wie ich naiv angenommen hatte, das Geigenspielen niemals selbst beibringen konnte. Der einzige Ausweg, der sich anbot, war die Pianistin. Sie würde mich in die Geheimnisse der Musik einweihen. So klingelte ich an ihrer Wohnungstür und wartete.

Nach ziemlich langer Zeit ging die Tür auf, und die Pianistin stand mir gegenüber.

»Guten Abend, ich hätte eine Bitte«, begann ich, doch weiter kam ich nicht: Ich war von der vorher nie bemerkten Schönheit meines Gegenübers dermaßen geblendet, daß ich kein Wort mehr herausbrachte.

»Sie wollen sicher Lektionen bei mir nehmen, nun gut«, sagte die Pianistin und zog mich in ihre Wohnung, »ich verlange 1000 Franken pro Sekunde, wir legen gleich los, Ihre Geige haben Sie ja mitgebracht.«

Die nächsten paar Stunden widmeten wir dem fachgerechten Halten des Bogens. Mein rechter Arm begann im Laufe der Zeit höllisch zu schmerzen, doch weder das noch die Tatsache, bereits mit mehr als 12 Millionen Franken in der Kreide zu stehen, machten mir etwas aus: Die ungeheure Gnade, mich in der Nähe meiner göttlichen Lehrerin aufhalten zu dürfen, war mir das wert.

Gegen Mitternacht erklärte die Pianistin, sie habe nun genug und wolle sich hinlegen.

Als ich auf der Schwelle stand, überkam es mich.

»Ich, äh ... würden Sie gerne ...«, stammelte ich, »hätten Sie Lust, bei mir einen Kaffee zu trinken ...«

»Wie soll ich diese Frage auffassen?« fragte die Pianistin kühl. »Hauen Sie ab, und lassen Sie sich nie wieder hier blicken!«

In meinem Schlafzimmer warf ich mich aufs Bett und dachte angestrengt nach. Was hatte ich bloß falsch gemacht? Nachdem ich die Geige zu Kleinholz gehackt hatte, schlief ich ein.

5. Die Lektion des schwarzen Pudels

Eines schönen Tages geschah es, daß mir das Salatöl ausging. Da der Priester nicht zu Hause war, der Physiklehrer mir nie im Leben auch nur einen Tropfen davon geliehen hätte und ich mich bei der Pianistin nicht mehr blicken lassen konnte, mußte ich zum schwarzen Pudel in den Estrich steigen. Ich klopfte, kurze Zeit später wurde geöffnet.

»Guten Tag«, sagte ich. »Ich hoffe, ich störe nicht. Ich bräuchte unbedingt etwas Salatöl, eine kleine Tasse voll, wenn's beliebt.«

»Was ist besser: eine Kartoffel im Kopf oder ein Hirn in der Tasche zu haben?« fragte der Pudel.

»Das erstere«, antwortete ich nach einer Weile vorsichtig. »Denn ein Hirn in der Tasche ist zu überhaupt nichts nütze. Man kann es nicht essen.«

»Sie beurteilen das Ganze also nach kulinarischen Kriterien«, folgerte der Pudel.

»Nach welchen Kriterien denn sonst? Eine Kartoffel ist wohl zum Essen da, oder nicht?«

»Ein Hirn aber zum Denken.«

»Jetzt langt's mit dem Unsinn«, sagte ich ärgerlich.

»Meine Frage«, rechtfertigte sich der Pudel, »war von Anfang an als Scherz gedacht. Ein intelligentes Wesen hätte darauf geantwortet: Am besten ist es natürlich, ein Hirn im Kopf und eine Kartoffel in der Tasche zu haben.«

»Salatöl bräucht' ich.«

»Kommen Sie einen Moment rein.«

Ich folgte dem Pudel in einen kleinen Raum, der mit Büchern und Zeitungen vollgestapelt war.

»Glauben Sie an ein Leben nach dem Tod?« fragte der Pudel, setzte sich auf einen Stuhl und steckte sich eine Zigarette an.

»Salatöl.«

»Beantworten Sie zuerst meine Frage.«

»Sie lesen viel in philosophischen Schriften, habe ich gehört«, lenkte ich vom Thema ab.

»Ach was«, meinte der Pudel. »Ich habe noch nie was Hochstehendes gelesen. Texte sollten so diffus, mehrdeutig und unsinnig wie möglich sein. Denn das ganze Leben ist absurd, absurd, absurd.«

»So?« fragte ich.

»Ja. Sie müssen meine Ansichten nicht teilen, denn ich gelte allgemein als verrückt. Der Physiklehrer haßt mich bis aufs Blut und will mich umbringen, weil, seien wir ehrlich, ein sprechender Pudel nicht gerade eine Alltäglichkeit ist.«

»Das kann man wohl sagen.«

»Eben. Sie hätten meinen Stolz verletzt, wenn Sie etwas anderes gesagt hätten.«

Der Pudel zog zufrieden an seiner Zigarette.

»Salatöl.«

»Sie haben sich mit dem Priester im dritten Stock angefreundet, sagt man. Er soll Sie so weit gebracht haben, daß Sie Ihre Miete zahlen und keinen Quarkauflauf mehr anrühren.«

»Sonst komme ich in die Hölle, wissen Sie.«

»Lächerlich, absolut lächerlich. Es gibt genausowenig eine Hölle, wie es einen Himmel oder Salatöl gibt.«

»Aber es gibt Salatöl.«

»Hier nicht. Wollen Sie mein neuestes Gedicht hören?«

»Nein.«

»Es trägt den Titel ›Harzt‹ und ist tiefsinniger, als man auf den ersten Blick meinen könnte:

Harzt

Der Arzt heißt Hans.
Sein Vater hieß schon Hans.
Sein Großvater hieß schon Hans, und
Sein Großmutter hieß schon Hans.

Hans ist Arzt.
Sein Vater war schon Arzt.
Sein Großvater war schon Arzt, und
Sein Großmutter war schon Arzt.

Na?«

»Was soll daran tiefsinnig sein?«

»Können Sie sich auf das Gedicht keinen Reim machen?«

Langsam hatte ich genug.

»Salatöl haben Sie offenbar nicht. Auf Wiedersehen!«

»Noch ein Wort, bevor Sie gehen«, sagte der Pudel und drückte die Zigarette auf dem Buch ›Metaphysik zwischen Krim und Kierkegaard‹ aus. »Ich bin der

Meinung, daß der verwünschte Priester rausmüßte aus dem Turm. Er ist ein großes Hindernis, finden Sie nicht? Dauernd trachtet er danach, allen ein schlechtes Gewissen einzureden, Jüngstes Gericht und Höllenqualen, da graust's den vernünftigen Hund. Raus mit dem Priester, sage ich.«

»Auf Wiedersehen!« sagte ich und verließ eiligst die Wohnung des Pudels.

6. Das Restarant

Die Worte des Pudels gingen an mir, wider Erwarten, nicht spurlos vorüber. Vielmehr begann ich, an den Geboten des Priesters vermehrt zu zweifeln, bis ich an dem Punkt angelangt war, an dem ich meine Miete überhaupt nicht mehr zahlte und Quarkauflauf jeden Abend in meinem Teller dampfte, obwohl ich Quarkauflauf eigentlich nicht ausstehen konnte.

Fast täglich besuchten der Pudel und ich ein Wirtshaus im düstersten Quartier der Stadt und diskutierten über alles mögliche. Es war eine dunkle, rote Spelunke. Überall standen kleine Blumentöpfe mit unansehnlichen Farnbüscheln, die dem Loch wohl eine originelle Atmosphäre verleihen sollten. Der Pudel erwies sich als genialer Schwadroneur und profunder Kenner der Szene.

»Dieses Wirtshaus hier«, erzählte er mir, »ist gar kein Wirtshaus; wenn Sie gut aufgepaßt haben, werden Sie bemerkt haben, daß auf dem Schild draußen ›Restarant‹ steht.«

»Was nicht erklärt, warum sich der dicke Mensch hinter dem Tresen immer noch nicht hierher bequemt hat, um die Bestellung aufzunehmen, obwohl ich schon seit zwei Stunden nach Kaffee rufe.«

»Merken Sie sich«, belehrte mich der Pudel, »zwei Dinge. Erstens: Finden Sie sich damit ab, daß Sie hier nie zu Ihrem Kaffee kommen werden, auch wenn Sie tausend Stunden rufen. Zweitens: Der dicke Mensch hinter dem Tresen ist taub.«

»Dann sollte er kein Wirtshaus unterhalten!«

»Ich habe Ihnen doch gesagt, das ist kein Wirtshaus, sondern ein Restarant.«

»Jetzt reicht's mir.«

»Nun machen Sie mal halblang«, besänftigte mich der Pudel. »Sehen Sie sich um. Wir befinden uns hier im Sammelbecken der gestrandeten Existenzen der Stadt, wie ich es nenne. Jeder hier hat seine eigene Geschichte. Der Mann dort am runden Tisch heißt Todor und hält sich für Gott. Er hat ein Buch geschrieben, 34 Seiten dick, auf jeder Seite steht ein Buchstabe, und diese ergeben einen Satz, der lautet: ›Hallo zusammen! Der Wind, die Sonne und ich.‹ Ich habe mich oft gefragt, ob es sich lohnen könnte, Todor nachzufolgen.«

»Wer ist der pummelige Mann mit der wasserstoffblonden Lockenperücke und den hautengen Lederleggins, der die Leute auf der Straße beobachtet?«

»Oh, das ist Günther. Günther ist der oberste Chef der Unterwelt, alle Geldfälscher, Dirnen, Zuhälter und Killer dieser Stadt stehen unter seinem Kommando. Allen Passanten wirft er vielsagende Blicke zu und macht ihnen linkisch einladende Zeichen. Doch nie will sich einer zu ihm setzen. Herrscher werden nicht geliebt, sondern gefürchtet. Ich hoffe, Günther wird darüber nicht eines Tages in Rage geraten und die Stadt in Schutt und Asche legen.«

»Der Dünne dort?«

»Er heiratete vor kurzem eine Buchverkäuferin. Als er eines Abends müde von der Arbeit heimkam, mußte er feststellen, daß sie alle seine Bücher verkauft hatte. Nun, sie ist Buchverkäuferin, jedes Buch, das sie sieht, muß sie verkaufen, das ist ihr Schicksal. Gestern verkaufte sie alle seine Möbel und Bilder. Das macht ihn fertig. Schließlich ist sie keine Möbelverkäuferin.«

»Aha.«

»Der Mann mit der beneidenswerten Frisur da vorne ist ein Professor. So eine Frisur wünsche ich mir schon lange. Morgen hält er einen Vortrag über Utopien, ich werde selbstverständlich hingehen und 90 Minuten lang seine famose Frisur anstarren. Ich heiße übrigens Dante«, sagte der Pudel an dieser Stelle, zündete sich eine Zigarette an und rauchte genüßlich.

»Momentan schreibe ich an einem Theaterstück«, teilt mir Dante nach einer Weile mit gewichtiger Stimme mit. »Es spielt in einem Garten, der einem gewissen Wotan Schnoz gehört. Wotan Schnoz hat nur ein Auge und trägt immer ein braunes Hemd und braune Hosen. Seine Frau hat Krampfadern, weshalb sie die Nacht an ihr Bett geschnallt in einem 60-Grad-Winkel verbringen muß. Schnoz hält sich für Gott und adoptierte einen kleinen Sohn namens Roswald. Tag für Tag hockt Roswald im Schatten eines künstlichen Apfelbaumes im Garten, in Begleitung seiner Gouvernante Leonardo (kein Mensch weiß, warum sie Leonardo heißt) und seines Hauslehrers, der ihm Unterricht in Philosophie erteilt, und er muß soviel Äpfel fressen wie reingehen. ›Das Dasein ist als seiendes Seinkönnen, dem es in solchem Sein um dieses als das Seiende geht‹, doziert der Hauslehrer im dritten Akt ... Das Ganze scheint Sie nicht gerade brennend zu interessieren!« sagte Dante an dieser Stelle vorwurfsvoll.

»Ich bin zugegebenermaßen recht müde«, gestand ich.

»Auch recht. Ich muß sowieso gehen. Treffpunkt morgen um drei Uhr. Adieu!«

7. Die Exekution des Pudels

Eines Abends, als ich nach einem Restarantbesuch gerade meine Wohnung betreten wollte, packte mich jemand an der Schulter. Es war der Priester.

»Sie waren beim Pudel, stimmt's?« Seine Augen blitzten.

»Hören Sie. Der Pudel ist ein Werkzeug des Satans; jeder, der ihm Gehör schenkt, wird von Gott ins tiefste, schwärzeste, stinkendste Loch der Hölle geworfen werden, wo er bis in alle Ewigkeit schmoren und ein Spielball des Teufels und seiner Dämonen sein wird!«

»Oh!« stammelte ich und warf mich auf die Knie.

»Der Pudel muß vernichtet werden. Kommen Sie!«

Ich folgte dem Priester in einen kleinen Raum seiner Wohnung, in dessen Mitte ein gigantisches Maul schwebte.

»Das ist das göttliche Maul«, erklärte der Priester. »Es ist dazu bestimmt, das Böse in der Welt aufzufressen. Hier hinein müssen wir den Pudel stoßen. Gehen Sie und holen Sie ihn!«

Kopflos torkelte ich hinauf in den Estrich. Dante schlief auf einer Matte. Ich packte ihn an der Gurgel und rannte mit ihm zurück.

»Sehr gut!« jubelte der Priester. »Los! Ins Maul mit ihm! Worauf warten Sie noch?«

Mit einem kräftigen Wurf schleuderte ich den Pudel ins göttliche Maul. Es schmatzte geräuschvoll.

»Süperb!« kommentierte es mit vollem Mund.

»Es ist vollbracht!« schrie der Priester und wischte sich den Schweiß von der Stirn.

8. Der Pfeifenstopfer des Papstes

Unter Führung des Priesters begann ich ein neues Leben. An Quarkauflauf dachte ich nicht einmal mehr, meine Miete bezahlte ich wieder regelmäßig und vollständig. Der Priester war äußerst zufrieden mit mir, und als ich eines Morgens in den Spiegel schaute, entdeckte ich über meinem Haupt einen silbrigen Heiligenschein.

»Das ist phantastisch!« rief der Priester und bekreuzigte sich. »Das müssen wir dem Papst persönlich zeigen! Kommen Sie! Ich weiß, wo er wohnt!«

Wir fuhren zum päpstlichen Schloß und bekamen sofort eine Audienz.

»Das ist außergewöhnlich, ganz außergewöhnlich!« meinte der Papst beeindruckt und musterte meinen Heiligenschein während einer Viertelstunde von vorn und hinten.

»Mit Ihnen hat Gott Besonderes vor!« sagte er schließlich und mußte schnell auf die Toilette.

»Es lohnt sich eben doch, wenn man keinen Quarkauflauf ißt!« flüsterte der Priester und boxte mich freundschaftlich in die Seite.

Nach ein paar Minuten kehrte der Papst zurück und verkündete: »Ich habe mich entschlossen, Sie mit einer wichtigen kirchlichen Aufgabe zu betrauen. Sie sind ab sofort päpstlicher Pfeifenstopfer.«

Ich zog aus meiner alten Wohnung aus, erhielt ein Zimmer im Estrich des päpstlichen Schlosses zugeteilt und wurde päpstlicher Pfeifenstopfer.

»Stopf mir meine Pfeife!« befahl mir der Papst jeden Abend nach den Nachrichten, »und geiz nicht mit dem Tabak.«

Ich stopfte, und der Papst war so zufrieden mit mir, daß er mich nach einem halben Jahr zum päpstlichen Korkenzieher ernannte. Zum päpstlichen Zahnstocher hatte es noch nicht ganz gereicht.

9. Das blonde Polarschnabeltier

Ich ging meiner Arbeit treulich nach, und alles ging gut, bis ich eines Tages im päpstlichen Garten die Bekanntschaft eines blonden Polarschnabeltiers machte. Es saß auf einer Bank und las in einem Schundroman.

»Schönes Wetter heute«, meinte ich. »Ich habe Sie noch nie hier gesehen. Was arbeiten Sie?«

»Ich bin professioneller Zitherspieler von Beruf«, antwortete das Schnabeltier nicht ohne Stolz in der Stimme.

»Höchst interessant! Ich wollte schon immer mal einen Zitherspieler treffen.«

»Kommen Sie mich mal besuchen. Wir veranstalten eine Quarkauflaufparty, und ich kann Ihnen was vorzithern.«

›Quarkauflauf?‹ fuhr es mir durch den Kopf. »Bei Gott! Das ist doch verboten! Sie werden in der Hölle landen, wenn Sie es wagen, Quarkauflauf auch nur zu berühren!«

»Der Papst selbst schlägt sich den Bauch damit voll, wußten Sie das nicht?«

Diese Worte brachten mich außerordentlich durcheinander.

»Ich liebe Sie«, stotterte ich nach einer Weile.

»Ich liebe Sie auch«, antwortete das Polarschnabeltier.

Dieser Satz ließ mir das Herz erbeben, und glückselig sprang ich auf die Beine. Ich rannte auf schnellstem Weg in mein Zimmer, wo ich sofort einschlief.

Nach drei Stunden wurde ich durch ein lautes Gebrüll unsanft geweckt.

»Wo zum Teufel bleibt mein Korkenzieher? Verdammt noch mal, wo steckt der Kerl?«

Erschrocken lief ich ins päpstliche Refektorium, wo der Papst hinter dem Eßtisch saß und mir böse Blicke zuwarf.

»Was fällt Ihnen ein, Sie fauler Lump?«

»Entschuldigung, Ihre Heiligkeit.«

»Wo waren Sie?«

»Ich habe im Park ein Polarschnabeltier getroffen und mich mit ihm unterhalten. Ich möchte es gerne heiraten.«

Der Papst machte ein böses Gesicht.

»Eine solche Liebe kann ich nicht dulden. Nein, nein und dreimal nein.«

»Aber ...«

»Sie kommen in die Hölle, wenn Sie es wagen, sich nochmals mit dem Schnabeltier zu treffen.«

Diese Worte trafen mich wie Messerstiche.

»Öffne deinen Wein in Zukunft selber!« schrie ich dem Papst ins Gesicht und ging.

10. Die Zeit mit dem Polarschnabeltier

Wen wundert's, daß mein Heiligenschein nach diesem Vorfall verschwunden war. Ich zog aus dem päpstlichen Schloß aus und quartierte mich im kleinen Bungalow des Polarschnabeltiers ein.

Unser Einkommen verdienten wir uns durch Zithern. Es war ein hartes Leben, doch wenn wir abends am Kaminfeuer saßen, vergaßen wir die Sorgen des Alltags.

»Du hast so ein weiches Fell«, pflegte ich manchmal zu sagen. Das Schnabeltier erwiderte dann: »Pfoten weg von meinem Fell!«, und wir lachten und lachten.

Das ging einige Zeit gut so, bis ich mich zu langweilen begann. »Ich habe das Gefühl, du hast nur deine Zither im Kopf!« sagte ich einmal zum Schnabeltier, das die Gewohnheit hatte, seine Zither sogar mit ins Bett zu nehmen. »Wir könnten doch mal was Lustiges unternehmen ... Kino oder Theater oder so.«

»Du weißt genau, daß ich heute noch drei Stunden Zithern üben muß.«

»Schon gut, schon gut«, seufzte ich und ging schlafen.

Eines Tages beobachtete ich das Polarschnabeltier, als es heimlich ins Haus des fetten Pelzhändlers schlich, der neben uns wohnte.

Als es nach drei Stunden zurückkehrte, stellte ich es mit den Worten: »Du triffst dich also mit anderen.«

»Wie bitte?«

»Ich habe dich beobachtet. Du hast behauptet, du gingest einkaufen, statt dessen warst du im Haus des Pelzhändlers.«

Das Schnabeltier blieb stumm. Ich fiel auf die Knie und begann zu schluchzen.

»Warum nur, warum? Was habe ich falsch gemacht?«

Fortan war das Schnabeltier fast jeden Abend beim Pelzhändler zu Gast. Es war für mich eine Zeit größter Verzweiflung, und ich begann, Apfelsaft zu trinken.

»Hast du wieder getrunken?« fragte das Schnabeltier jedesmal spöttisch, wenn es spät in der Nacht von seinen Seitensprüngen heimkehrte. »Schau mal, was für einen schönen Nerzmantel ich geschenkt bekommen habe!«

Eines Abends kam das Schnabeltier nicht mehr zurück. Ich wartete bis Mitternacht und ging dann zu Bett. Am nächsten Morgen suchte ich den Pelzhändler auf.

»War das Schnabeltier nicht bei Ihnen letzte Nacht?«

»Letzte Nascht?« fragte der Pelzhändler, der sich Mühe gab, mit einem französischen Akzent zu sprechen, obwohl er aus Litauen stammte und seiner Lebtage nie in Frankreich gewesen war, »non, pas du tout.«

»Was haben Sie mit ihm gemacht?«

»Maschen? Was sollen isch maschen mit Schnabeltier?«

»Was ist das für ein Pelz, den Sie da um Ihren Hals tragen?«

»Pelz? Wo Pelz? Isch sehen nischts, Monsieur.«

»Da ist ja noch der Schnabel dran! Sie Bestie! Sie Scheusal!«

»Isch kann alles erklären!« stammelte der Pelzhändler. »Votre Schnabeltier, voyez, il ...«

Doch ich konnte kein Wort mehr hören. Traurig machte ich mich auf den Weg zum alten Turm.

11. Des Pudels Wiederkehr

Ich stieg zur Wohnung des Priesters hinauf und klopfte. Sofort sprang die Tür auf.

»Ich will Sie um Verzeihung bitten und Ihnen meine Fehltritte beichten.«

»Verschwinden Sie! Ihre Schandtaten sind mir bekannt. Ihnen kann nicht vergeben werden«, sagte der Priester.

»Aber ...«

»Nein.«

Der Priester schlug die Tür zu.

Traurig verließ ich den Turm und streunte stundenlang durch die grauen Straßen der Stadt. In einem verlassenen Hinterhof entdeckte ich gegen Abend ein Haus, an dessen Tür ›Antiquariat‹ angeschrieben stand.

»Kommen Sie rein, kommen Sie rein!« hörte ich eine sonore Stimme sagen. Ein alter Mann lachte mich hinter einer Theke aus einem zahnlosen Mund an.

»Ich habe etwas für Sie. Dieser Geigenkoffer hier«, und bei diesen Worten holte er einen grünen Koffer unter der Theke hervor, »ist etwas sehr Spezielles. Ich habe ihn von einem alten indischen Sekundarschullehrer übernommen, der kurz darauf seinen Geist aushauchte.«

»Was soll an diesem Geigenkoffer speziell sein?« fragte ich. »Außer der zugegebenermaßen recht ansprechenden grünen Farbe?«

»Das Außergewöhnliche«, antwortete der Alte, »ist, daß Sie darin so viele Dinge unterbringen können, wie Sie nur wollen, und seien diese auch noch so groß.«

»Das kaufe ich Ihnen nicht ab. In einen Geigenkoffer von schätzungsweise 50 x 30 x 15 cm ...«

»50 x 35 x 20 cm, mein Herr.«

»Sei's, wie es will. In diesen Koffer passen nur Gegenstände, die ein kleineres Volumen haben als er selbst.«

»Dann schauen Sie mal zu. Ich steige jetzt in den Koffer – Sie werden zugeben müssen, daß mein Volumen dasjenige des Koffers übertrifft – ich bin drin, mache den Deckel zu, fertig.«

Der Alte war tatsächlich im Geigenkoffer verschwunden.

»Kommen Sie sofort wieder raus!« rief ich. »Sie können mich nicht reinlegen!«

»Das liegt mir fern.«

»Da sind Sie ja wieder. Ihre Vorstellung hat mich belustigt. Ich nehme den Koffer wegen seiner Farbe. Was bin ich Ihnen schuldig?«

Mit dem Geigenkoffer in der Hand irrte ich wieder stundenlang herum, ziellos; ich hatte mich verirrt und war froh, als ich gegen Mitternacht ein Stimmengewirr vernahm. Ich folgte ihm und stand plötzlich vor einem Gebäude, das ich gut kannte: Es war das Restarant.

»Wollen Sie nicht Platz nehmen?« fragte mich ein übereifriger junger Kellner, den ich noch nie hier gesehen hatte, und führte mich an einen runden Tisch in einer Ecke. »Ich heiße Gundel«, sagte er, als ich Platz genommen hatte. »Die fünf sousaphonförmigen Barhocker dort drüben habe ich alle selber gedrechselt. Monatelang saß ich in der Werkstatt und drechselte und drechselte, bis sie perfekt waren. Doch niemand schätzt meine Arbeit, niemand nimmt Notiz von der Schönheit meiner Hocker ...«

»Einen, äh, Kaffee, bitte.«

»... und deswegen werde ich mich jetzt ersäufen. Adieu!«

Nach diesen Worten rannte der Kellner in die nächtliche Stadt. Auch heute sollte ich offenbar nicht in den Genuß eines Kaffees kommen.

Ich sah mich um; überall saßen die seltsamsten Gestalten, und ohne den Pudel kam ich mir hier sehr verlassen vor.

Ich wollte eben aufstehen und gehen, als ein blaues Licht auf eine improvisierte Bühne aus Brettern fiel, die sich neben der Theke befand und auf der ein schwarzes Piano stand. Auf die Bühne trat eine junge, schwarzgekleidete Frau, schön, traurig, übersinnlich, verlockend. Sie nahm auf einem Hocker Platz, überprüfte kurz das Instrument und begann zu spielen.

Ihre Musik war noch viel schöner, trauriger, übersinnlicher und verlockender als sie selbst.

»Guten Abend«, hörte ich plötzlich eine vertraute Stimme sagen.

»Dante?« fuhr ich auf. »Sie sind's?«

»Höchstpersönlich.« Der Pudel grinste und steckte sich eine Zigarette an.

»Ich dachte, Sie seien tot.«

»Tot? Ich? Absurd. Sie sollten nicht so laut schreien,

Sie stören die schöne Musik. Falls es Sie interessiert: Ich werde die Stadt verlassen und zu neuen Ufern aufbrechen. Sie können mich begleiten, wenn Sie wollen.«

»Ich wüßte nicht, was ich lieber täte«, sagte ich wahrheitsgetreu. Auch mich hielt nichts mehr in dieser Stadt.

»Die Pianistin – Sie erinnern sich doch an sie? – wird uns begleiten. Wir reisen in fünf Minuten ab. Ich hoffe, Sie haben Ihren Koffer gründlich imprägniert, um sicherzugehen, daß ihm das Meer nichts anhaben kann. Wir reisen zu Wasser.«

12. Die Überfahrt

Ein mulmiges Gefühl verspürte ich schon, als ich den Geigenkoffer vorsichtig zu Wasser ließ.

›Die Reise wird Monate dauern‹, dachte ich, als ich auf dem Koffer Platz nahm.

»Alles in Ordnung?«

»Alles bestens«, kam die Stimme des Pudels aus dem Koffer. »Die Pianistin hat es sich auf dem Piano gemütlich gemacht, und ich werde an meinem Theaterstück weiterarbeiten.«

»Dann kann's losgehen«, sagte ich, doch der Koffer schwamm bereits auf hoher See. Die graue Stadt lag schon weit hinter mir, vor mir lag der weite Ozean, vor mir lagen Freiheit und Glückseligkeit. Ein Zurück gab es nicht.

Ich wurde ob meiner poetischen Gedanken rührselig und schlummerte, in der Haltung eines Buddha auf meinem Koffer sitzend, alsbald ein.

Am ersten Tag auf See sah ich gegen Mittag etwas auf den Wellen treiben. Es war ein menschlicher Körper, der sich bei genauerem Hinsehen als die Leiche des unglücklichen Gundel entpuppte.

›Armer Gundel‹, dachte ich.

Am fünften Tag auf See fuhren wir an einer Insel vorbei, auf der ein riesiges Amphitheater aus weißem Marmor stand. In der Arena erkannte ich einige Schauspieler, folgende Wortfetzen drangen zu mir hinüber: ›Da ihm bekannt, ich liebe meine Bücher, gab er mir Bänd' aus meinem Büchersaal ...‹

›Genau, was ich brauchen könnte‹, dachte ich. Die Zeit war mir nämlich verdammt lange, und es wäre gescheiter gewesen, wenn ich eine spannende Lektüre mitgenommen hätte.

Am achtzehnten Tag auf See kreuzten wir ein großes Schiff.

»Wir sind auf der Suche nach der Insel ›Chranada‹«, rief ein kleiner Mann mit fernöstlichen Gesichtszügen zu mir herüber. Er war der Steuermann; bedauerlicherweise fehlten ihm beide Arme, und das Schiff fuhr immer im Kreis.

»Auf Chranada soll es ungeheure Goldvorkommnisse geben«, rief ein Passagier, der ein Jackett und eine Krawatte trug, was bei der Hitze, die herrschte, reichlich deplaziert wirkte.

»Auf Chranada soll es deliziöse Trüffeln geben, groß wie Menschenköpfe«, rief ein schweinsgesichtiger Mann, der so dick war, daß er im nächsten Moment zu explodieren drohte.

»Auf Chranada soll es ...«

Was es auf Chranada sonst noch alles geben sollte, konnte ich nicht mehr verstehen, denn der Abstand zum Schiff war bereits zu groß.

Am sechsunddreißigsten Tag auf See fuhren wir an einer Reihe von Inseln vorbei: Auf einer lebten fette

Schweine, die nichts anderes taten, als zu fressen und zu kopulieren.

Auf einer anderen saßen vier Generäle in grotesken Uniformen um einen runden Tisch herum und spielten ›Mensch ärgere dich nicht‹. Der Verlierer wurde von seinen Mitspielern mit perfiden Folterinstrumenten aufs gräßlichste gequält, dann wurde eine neue Runde begonnen.

Auf wieder einer anderen standen um die zwanzig Couchs im Kreis herum, auf denen sonderbare Gestalten lagen und pausenlos auf einen Mann in weißem Kittel einredeten: Ein weißes Kaninchen von der Größe eines ausgewachsenen Ochsen, eine Königin, eine getigerte Katze, die übers ganze Gesicht grinste, ein haschischrauchender Troubadour in mittelalterlicher Kleidung, ein Mann, der schrie: »Ich bin Wurzelschläger geworden, weil ich der Beste sein wollte. Ich bin der einzige Wurzelschläger, den es gibt, und infolgedessen der Beste. Meinen Sie etwa, ich werde Leichtathlet, wenn jeder verdammte Hase schneller ist als ich?«

Was ich sonst noch alles sah, kann ich nicht beschreiben.

Am vierzigsten Tag auf See gerieten wir in einen fürchterlichen Sturm. Das Meer raste und tobte, haushohe Wellen warfen den Geigenkoffer hin und her, plötzlich erstrahlte gleißendes Licht, Beethovens Violinkonzert ertönte, der Geigenkoffer vollführte wilde Drehungen und raste mit Höllentempo von dannen. Links und rechts flogen Inseln vorbei, auf denen häßliche Kreaturen wie siebenköpfige Drachen, Sirenen oder Zyklopen ihr Unwesen trieben.

Mir wurde schwarz vor Augen, ich verlor die Herrschaft über mich.

13. Angekommen

»Der Typ sieht ziemlich lädiert aus, was meinst du?« fragte Schneller Pflock.

»Allerdings«, gab ihm sein Kollege Großer Pfifferling recht. »Wollen wir ihn uns unter den Nagel reißen?«

»Ach was, der gibt nicht viel her.«

»Da!« rief Großer Pfifferling. »Er ist aufgewacht!«

Schneller Pflock holte ein Fernglas hervor.

»Was macht er?«

»Er öffnet seinen Koffer«, kommentierte Schneller Pflock. »Hast du Töne! Da hüpft doch ein schwarzer Pudel raus. Der macht nicht gerade einen zufriedenen Eindruck und versetzt ihm einen Tritt nach dem anderen ans Schienbein, schimpft, was das Zeug hält ... Und jetzt ... jetzt kommt eine in ein schwarzes Kostüm gekleidete Furie zum Vorschein, die wild mit den Armen fuchtelt.«

»Diese drei seltsamen Subjekte werden uns Unglück bringen.«

14. Die Insel

»Elender, Schänder, Tunichtgut!« fluchte der Pudel. »Mir ist kotzübel geworden im Koffer wegen Ihrer Steuerkünste!«

»Ihre Vorwürfe sind absolut ungerechtfertigt«, versuchte ich mich zu verteidigen.

»Ach, halten Sie Ihr Maul!« schimpfte der Pudel weiter. »Wo sind wir eigentlich?«

»Woher soll ich das wissen?« gab ich zurück. »Eine Insel scheint's zu sein, eine normale Insel mit Sandstrand, Palmenurwald und keiner Spur von menschlichem Einfluß.«

»Hierhin wollte ich ganz sicher nicht.«

»Mir reicht's. Wessen Schuld ist es, daß wir hier sitzen? Sie wollten doch unbedingt zu neuen Ufern aufbrechen. Wo bleibt Ihr Pioniergeist?«

»Ich habe Hunger«, wechselte der Pudel das Thema.

Die Pianistin klimperte in einer Lautstärke, die meinen Ohren weh tat. Ich lief eine Weile am Strand entlang und fand einen Seeigel, dem ich die Stacheln ausrupfte.

»Wollen Sie ein stachelloses Stückchen?« fragte ich die Pianistin, die immer noch wie wahnsinnig in die Tasten haute, als ich zurückgekehrt war.

»Mit Ihnen rede ich kein Wort«, sagte die Pianistin und würdigte mich keines Blickes. Wenn ich nur gewußt hätte, warum sie so aufgebracht war. Waren es die 12 Millionen, die ich ihr noch schuldete?

»Schauen Sie mal die schöne Burg an, die ich gebaut habe!« rief der Pudel an dieser Stelle und zeigte stolz auf seine Versailles-Kopie aus Sand.

»Ich schlage vor, wir erforschen jetzt besser den Urwald.«

Ich verstaute das Piano im Geigenkoffer und lief voran. Der Pudel und die Pianistin folgten mir.

Die nächsten drei Tage kämpften wir uns durchs Dikkicht, es war kalt, es regnete ununterbrochen, mehrere Male wären wir fast im Sumpf versunken oder von riesigen Schlangen erwürgt worden. Die Euphorie, die ich zu Beginn des Unternehmens verspürt hatte, war dahin, als wir zum siebenunddreißigsten Mal vor einem Schlammloch standen und wieder umkehren mußten. Außer ein paar Wurzeln aßen wir nichts. Ich war es übrigens, der sie ausbuddelte und an einem Lagerfeuer briet, meine Begleiter steuerten nichts zu einem besseren Klima bei, die Pianistin stakste mir mürrisch hinterher und sprach, wie angekündigt, weder mit mir noch dem Pudel; letzterem schien das ganze Unterfangen plötzlich einen Riesenspaß zu machen, er hopste pfeifend herum und rezitierte zu den unpassendsten Momenten Hemingway.

15. La calunnia

Am vierten Tag nach unserer Landung glaubten wir, endlich Spuren von menschlicher Zivilisation entdeckt zu haben. Unvermittelt standen wir nämlich vor einer kleinen Siedlung im Urwald, die aus einem guten Dutzend an Häßlichkeit nicht zu überbietenden Lehmhütten bestand.

»Die Insel ist bewohnt!« rief der Pudel aus.

»Moment mal!« warnte ich. »Wir wissen nicht, wie uns die Leute hier gesonnen sind. Wir könnten in die Hände von Kannibalen oder anderen abartigen Gesellen geraten, die Schlimmes mit uns vorhaben.«

»Ach was!« entgegnete der Pudel und rief so laut er konnte: »Hallooooo!«

»Sind Sie denn wahnsinnig?« zischte ich. »Verschwinden wir von hier, solange es nicht zu spät ...«

Wir waren von einer Schar merkwürdig aussehender Gestalten eingekreist, eine Mischung aus Menschen, Tieren und Pflanzen. Sie glucksten, grunzten und furzten und schienen sich bestens zu amüsieren.

»Sehr geehrte Damen und Herren!« verkündete der Pudel ungerührt. »Wir freuen uns, daß Sie so zahlreich erschienen sind. Als erstes hören Sie die Arie ›La calunnia è un venticello‹ von Rossini.«

»Was soll das?« flüsterte ich nervös und versuchte verzweifelt, ein strahlendes Lächeln an den Tag zu legen.

»Gesang: Don Basilio, Klavier: Donna Rosina«, stellte der Pudel vor und deutete auf die Pianistin und mich, »bitte schön.«

»Ich dreh' Ihnen den Hals um, Sie ...«

Unter dem Applaus und Gejubel des Gesindels holte ich das Piano aus dem Geigenkoffer.

»Wie schon gesagt ... die, äh, calunnia und so weiter«, murmelte ich. »Sind Sie bereit, Donna Rosina?«

Es folgte eine recht eigenwillige Interpretation der Arie, was die Gestalten nicht daran hinderte, in begeisterte Rülpsgeräusche auszubrechen. Nachdem drei weitere Arien zum besten gegeben worden waren, ging der Pudel im Kreis herum und sammelte allfällige Spenden ein, Nacktschnecken und wertlose Kieselsteine.

»Es ist so entwürdigend. Wir ziehen als Musikanten herum, missionieren mit Rossini, blamieren uns bis auf die Knochen und können froh sein, wenn am Ende ein paar Schnecken für uns herausspringen«, sagte ich zum Pudel, als wir wieder unseren Weg unter die Füße genommen hatten, und mußte kräftig husten.

»Ja, ja, die Kunst«, sagte der Pudel nachdenklich.

»Pardon?« fragte ich.

»Sagten Sie nicht ›Kunst‹?«

»Ich? Nein. ›Hust‹ habe ich gesagt.«

»Ach! Hust«, sagte der Pudel und schwieg eine Weile. Dann meinte er: »Der Mann, der zweieinhalb Stunden auf einer Blechbüchse sitzt und ›Schmatatuus! Schmatatuus! Nimm die Pflaume und mahl sie zu Mus!‹ schreit, hieß der Titel eines modernen Theaterstücks, das ich vor kurzem angeschaut habe. Zu sehen war genau, was der Titel versprach, und somit wäre es fehl am Platz gewesen, am Schluß der Vorstellung Unmutsbekundungen von sich zu geben.«

»Ich habe keine Lust, mich mit Ihnen über Theater zu unterhalten.«

»Literatur? Ich habe kürzlich eine Molière-Gesamtausgabe zum Preis von 9 Franken gekauft und danach für 17 Franken eine Pizza gegessen. Für den Preis von 90 Pizzas hätte ich also 170 Molière-Gesamtausgaben kaufen können, aber wohin damit?«

»Ich bin nicht in Stimmung, habe ich Ihnen gesagt. Alles würde ich geben, um wieder daheim zu sein. Wem habe ich die ganze Misere zu verdanken? Ihnen, Sie Tartuffe. Ich würde lachen, wenn es nicht so traurig wäre. O mein Gott, geht's mir schlecht. So kann es nicht weitergehen. Wenn morgen nichts Aufregendes passiert, blase ich die Expedition ab und vergrabe mich im Sand.«

16. Der Spion

»Häuptling!« sagte Flinker Pflaumenbaum. »Eben ist eine neue Lieferung eingetroffen.«

»Was schickt er uns denn diesmal?« fragte der Häuptling.

»Zwanzig kuriose Plastikdinger«, antwortete Flinker Pflaumenbaum. »Ich weiß nicht, wozu sie gut sein könnten. Aber dem Paket ist ein Schreiben beigelegt, das die Laserpistolen, wie sie offenbar genannt werden, genau erklärt.«

»Schön. Lies es durch, und gib mir Bescheid, wie sie funktionieren. Sonst noch was?«

»Ja. Unser selbsternannter Spion kann offenbar genauere Aussagen über die drei Fremdlinge machen, die letzthin hier gelandet sind. Wir haben ja beschlossen, sie von der Bildfläche verschwinden zu lassen, doch unglücklicherweise ihre Spur verloren. Unser Spion hat ihre Fährte aufgenommen und anerbietet sich, die drei auf Schritt und Tritt zu observieren, für den von ihm geforderten Lohn ... Sie wissen ja, was er will.«

»Er ist ein klebriger Muskopf«, fluchte der Häuptling voll Abscheu. »Aber er könnte uns von großem Nutzen sein.«

17. Die Preiselbeere

»Schaun Sie mal!« rief der Pudel am fünften Tag.

»Was ist denn?« fragte ich gereizt.

»Da vorne!«

Der Pudel zeigte aufgeregt auf eine unförmige Gestalt, die kreischend einen Hügel hinunterrollte. Es war eine zwei Meter hohe und mindestens ebenso breite Preiselbeere.

»Zu Hilfe! Zu Hilfe! Sonst bin ich verloren!« schrie sie und warf sich wenige Schritte vor mir zu Boden.

»Was ist denn los?« fragte der Pudel neugierig.

»Ich ... ich werde verfolgt«, stammelte die Preiselbeere.

»Bei uns bist du in Sicherheit«, versicherte ich ihr.

»Beruhige dich, und berichte uns in aller Ruhe, was sich zugetragen hat.«

Die Preiselbeere holte einige Male tief Luft. »Zuerst wird es vonnöten sein«, erklärte sie, »daß ich ein paar Worte über die Insel verliere, wobei ich nicht weiß, wie groß euer Wissensstand schon ist.«

»Gleich Null«, gab ich zu.

»Nun denn. Drei Gruppen von Bewohnern teilen sich den Lebensraum. Die erste lebt schon lange hier und hat keinen Namen. Sie besteht aus häßlichen Geschöpfen, weder Fisch noch Vogel, wenn ich's mal so ausdrücken darf ...«

»Wir hatten bereits das Vergnügen.«

»Die zweite Gruppe ist die der Preiselbeeren. Wir sind sehr friedliche Gesellen und auch schon sehr lange hier beheimatet.«

»Und die dritte Gruppe?« erkundigte sich der Pudel.

»Das sind die Plattfußindianer ...«

Bei diesem Namen versagte der Preiselbeere die Stimme. Es bedurfte viel guten Zuredens, bis sie fortfahren konnte:

»Die Plattfußindianer sind vor ein paar Jahren hier gelandet und haben sofort die Herrschaft an sich gerissen. Die Angehörigen der ersten Gruppe wurden in kleine Reservate im Urwald gepfercht, die Preiselbeeren zum indianischen Hauptnahrungsmittel erklärt. Wir werden schonungslos gejagt, abgeknallt, aufgespießt, gebraten und verschlungen, viele von uns werden auch auf grausamste Weise ihren Göttern geopfert.«

»Bestialisch!«

»Heute morgen wäre ich von einem Indianer mit einer Elektrosäge beinahe skalpiert worden. Ich bin davongerannt und glücklicherweise auf euch gestoßen. Nehmt mich mit! Für die nächste Zeit zumindest! Ich bitte euch!«

So schloß sich die Beere uns an und streifte gemeinsam mit uns auf der Insel umher. Der Pudel konnte sie nicht ausstehen und machte keinen Hehl daraus. Doch an der Beere gab es nicht viel auszusetzen, sie sprach nicht viel und entpuppte sich als harmloser, recht langweiliger Zeitgenosse ohne viel Witz.

Des Abends saß man am Lagerfeuer, niemand sprach

ein Wort (nur der Pudel konnte es nicht unterlassen, ständig Scherze über Beeren zu machen), man briet Nacktschnecken mit Wurzeln und ging dann schlafen. Ich fühlte mich elend und hätte mich am liebsten an einer Palme erhängt. Wenn der Pudel nicht gewesen wäre, der mich mit seinen Geschichten hie und da zum Lachen brachte, hätte ich mich schon längst von einer Kokosnuß erschlagen lassen.

18. Der Überfall

»Morgen, Beere«, sagte ich, nach einer langen Nacht gut ausgeschlafen, und erhob mich mit einem Ächzen von meinem Lager aus Palmenblättern.

»Sind Sie gestern nacht noch spazierengegangen?« fragte der Pudel.

»Ich ... ja«, sagte die Preiselbeere. »Was gibt es Schöneres, als sich ein bißchen die Beine zu vertreten im Urwald?«

»Die Beine vertreten haben Sie sich mit Gewißheit nicht«, behauptete der Pudel. »Denn dazu müßte man Beine haben, und Beeren haben meines Wissens keine.«

»Machen Sie sich nur lustig über mich.«

»Und Angst vor den Indianern haben Sie keine mehr?«

»Doch, doch«, stammelte die Preiselbeere, »panische!«

»Dann war Ihre nächtliche Eskapade reichlich gewagt, nicht?«

In diesem Moment kam eine Harpune vom Typ 48XL angeschwirrt und landete knapp neben der Pianistin im Sand. Danach ertönte ein Kreischen, und Dutzende von Plattfußindianern stürmten auf die Lichtung, wo wir die Nacht verbracht hatten.

»Nehmen Sie die Beine in die Hand und laufen Sie!« schrie ich.

Die Pianistin, der Pudel und ich flüchteten ins Dikkicht, wo wir uns an einem günstigen Ort verstecken konnten. Nach langem und vergeblichem Suchen zogen die Plattfußindianer schließlich von dannen.

»Das war knapp!« meinte der Pudel.

»Wo ist die Beere? Ihr wird doch nichts zugestoßen sein?« erkundigte ich mich.

»Da vorne«, rief der Pudel, »liegt etwas am Boden. Wenn ich mich nicht irre, die Beere ... tatsächlich! Sie ist von mehreren Pfeilen durchbohrt und bedarf unserer Hilfe. Beere! Huhu!«

»Diese Schweine!«

»Was murmeln Sie da?«

»Ich muß Ihnen ein Geständnis machen«, stöhnte die Beere. »Ich bin ein mieser kleiner Denunziant.«

»Was sagen Sie?«

»Ich habe Sie an die Indianer verraten. Diese sind Ihnen auf den Fersen, seit Sie hier gelandet sind, haben Ihre Spur aber ziemlich schnell verloren. Die einst so begnadeten Spurenleser und gefürchteten Jäger sind heute verfettet und degeneriert; ohne die technischen Hilfsmittel, die sie regelmäßig von einer zweifelhaften Person erhalten, könnten sie nicht überleben auf dieser Insel, die übrigens keine normale Insel ist, wie Sie bis jetzt glaubten, sondern ein riesiger, im Meer liegender Frauenkörper. Die Indianer, um diese Tatsache wissend, haben panische Angst, daß Gaja, wie sie die Frau-Insel nennen, eines Tages aufwachen und katastrophale Erdbeben auslösen könnte. Damit sie ruhig bleibt, stoßen sie ihr jeden Monat sieben jungfräuliche Preiselbeeren in den Mund.«

»Warum haben Sie uns verraten?« unterbrach der Pudel.

»Weil«, antwortete die Preiselbeere, »auch ich ein Plattfußindianer sein, der unterdrückenden Minderheit angehören möchte! Und keine Preiselbeere, die keinen anderen Lebenszweck hat, als gegessen oder geopfert zu werden!«

»Ihre Kollaboration finde ich abscheulich.«

»Sie verstehen das nicht. Die Preiselbeeren haben mich nie als eine der Ihren angeschaut und akzeptiert, weil ich so klein und schmächtig bin. Sie sollten einmal eine normale Preiselbeere sehen! Sie ist doppelt so groß wie ich und doppelt so rot!« schloß die Beere.

»Also, jetzt hören Sie mal zu!« schimpfte der Pudel giftig. »Wir sind nicht hierhergekommen, um uns die Probleme von paranoiden Preiselbeeren anzuhören ...«

»Ist schon gut, ist schon gut!« schluchzte die Preiselbeere. »Adieu zusammen! Ich gehe!«

Mit diesen Worten lief die Preiselbeere davon. Der Pudel nahm es mit Genugtuung zur Kenntnis.

Dann wurde entschieden, daß wir in Richtung Osten weitermarschieren wollten. Und so machten wir uns auf den Weg.

Als wir eines späten Abends Gajas Kinn erklommen und zum ersten Mal einen Ausblick über die Gesichtslandschaft vor Augen hatten, setzte ein fürchterlicher Sturm ein, wie ich ihn noch nie erlebt hatte. Etwas Bedrohliches zeichnete sich ab.

19. Die Metamorphose

Die Preiselbeere lief und lief, ohne Pause. Schließlich, als es zu dämmern begann, setzte sie sich auf einen Stein und dachte nach.

»Es ist folgendermaßen«, sagte sie sich schließlich. »Alles hat von Natur aus einen bestimmten Zweck zu erfüllen. Bleistifte sind da, um zu schreiben. Söhne von Ärzten sind da, um Ärzte zu werden. Preiselbeeren sind da, um gegessen zu werden.

Nun kann sich aber jedes Objekt weigern, seinen naturgegebenen Zweck zu erfüllen. Bleistifte wollen nicht mehr als Schreibwerkzeug benutzt werden, sondern als Löffel. Söhne von Ärzten wollen nicht mehr Ärzte werden, sondern Altphilologen. Preiselbeeren wollen nicht mehr gegessen werden, sondern ... was auch immer. Es ist jedermann möglich, das zu sein und zu tun, was er will. Ich für meinen Teil weiß endlich, was ich sein und tun will. Kein blutrünstiger Plattfußindianer und keine Preiselbeere mehr. Nein. Ich will eine lebenspendende Funktion übernehmen. Ich will eine Spermienzelle sein.«

Mit diesen Worten begann die Preiselbeere zu mutieren, bis sie schneeweiß war und einen langen Schwanz hatte.

»Was ich jetzt zu tun habe, ist mir klar.«

Nach diesen bedeutungsschweren Worten schleppte sich die Spermienzelle Richtung Westen davon.

20. Ein seltsamer Kunde

»Wo ist der grüne Geigenkoffer?«

Der pygmäenhafte Mann, der diese Frage stellte, kam selbst dem Besitzer des Antiquariats im verrufensten Viertel der Stadt nicht geheuer vor – eine dämonische, unheilverheißende Aura schien ihn zu umgeben, zudem ging ein ekelerregender Modergeruch von ihm aus.

»Was für ein grüner Geigenkoffer?« fragte der Antiquitätenhändler.

»Stellen Sie sich nicht dumm. Sie haben ihn von einem alten indischen Sekundarschullehrer übernommen. Wo ist er?«

»Ach . . . diesen Koffer meinen Sie. Nun, der ist weg, ich habe ihn verkauft. Aber ich kann Ihnen jede Menge anderer Koffer anbieten, sehr schöne Exemplare . . .«

»Wem haben Sie ihn verkauft?«

»Ich habe keine Ahnung, wer der Mann war.«

»Das darf doch nicht wahr sein!«

Vor Wut schnaubend verließ der Physiklehrer den Laden und verschwand im Nebel. Vor seiner Turmwohnung fand er auf der Fußmatte einen Brief. Er riß ihn auf und las. Dann stieß er Jubelschreie aus. Er öffnete die Tür und eilte in einen Raum, in dem Dutzende von großen Schreibmaschinen standen, die laut vor sich hinklapperten.

»Meine geliebten Schreibmaschinen!« schrie der

Physiklehrer. »Die Stunde unseres Triumphes ist nah! Unser scheinbar aussichtsloser Kampf gegen das Phantastische wird in Bälde zu Ende sein. Lange genug hat er gedauert, viele Mühen und Tränen hat er gekostet, doch nun kann uns nichts mehr aufhalten, wir stehen kurz vor unserem Ziel.«

Die Schreibmaschinen rasselten und schepperten, was sich wie Applaus anhörte. Der Physiklehrer fuhr fort: »Die Welt ist von Phantastischem und Irrationalem quasi gesäubert, zu vernichten gilt es nur noch einen grünen Zauberkoffer und eine kleine Insel im Meer, voll von skurrilen Geschöpfen, deren Stunden aber gezählt sind. Der Koffer – lange Zeit war er verschwunden – ist aufgetaucht, just auf besagter Insel. Hier habe ich eine Nachricht eines verbündeten Indianerhäuptlings, dem ich einst den Auftrag erteilte, mit seinen Leuten die absurden Geschöpfe auf der Insel zu eliminieren; sie besagt, daß sich ein Mann mit einem grünen Geigenkoffer schon seit längerer Zeit auf der Insel herumtreibt und für Aufregung sorgt. UNSER Koffer, kein Zweifel. Wie schön sich das trifft! Nun denn, auf zum letzten Gefecht! Haltet euch bereit, heute abend fliegen wir ab. Die letzte Bastion des Phantastischen muß fallen!«

Der Physiklehrer keuchte vor Euphorie. Die Schreibmaschinen rappelten und rumpelten.

21. Gar oder nicht gar sein?

Der Himmel war pechschwarz. Regengüsse peitschten auf die Insel mit einer Heftigkeit, daß die Palmen sich bogen und krachend zersplitterten. Blitze zuckten, von ohrenbetäubendem Donner begleitet.

»Liebe Pianistin«, stammelte ich nach einiger Zeit in der Bodenmulde, wohin wir uns verkrochen hatten, »ich will den günstigen Moment nutzen und Ihnen meine Liebe gestehen. Ja, ich liebe Sie, und ich habe Sie schon immer geliebt. Doch Sie sprechen kein Wort mit mir. Wie habe ich das verdient?«

Die Pianistin schenkte mir keine Beachtung. Ich streckte meine Hand aus, um ihre hübschen Füße zu streicheln, doch sie zog sie schnell zurück.

In diesem Moment wurde der Pudel von einer Windböe erfaßt und fortgeblasen.

Nun saßen die Pianistin und ich alleine da. Sprachen kein Wort. Sahen uns nicht an. Einen Tag und eine Nacht saßen wir nur da. Bis sich die dunklen Wolken verzogen hatten und das Blau des Himmels wieder zum Vorschein kam. Bis die Sonne wieder schüchtern ihre Strahlen auf die Insel sandte. Dann setzten wir unseren Weg fort.

Der Pudel war indessen weit weg auf einem Hügel aus Lianen sanft gelandet und schickte sich an, die Umgebung zu erkunden.

»Da vorne ist das Pudelvieh, siehst du es?« fragte Gewalttätiger Pferdeschwanz seinen Kollegen Egozentrischer Prellbock. »Es hüpft ziemlich sorglos in der Gegend herum und scheint seinen Spaß zu haben. Es schnuppert an Palmenstämmen, reißt Grasbüschel aus und wirft sie in die Luft, jetzt pißt es an einen Stein... Ich würde sagen, schnappen wir es uns, der Häuptling wird seine Freude haben. Weißt du, wie dieses Scheißding funktioniert? Ich glaube, man muß zuerst auf den grünen Knopf drücken und dann am weißen Hebel ziehen, oder umgekehrt ... Wo ist denn meine Brille?«

»Ich vertraue auf unser gutes altes Fangnetz«, grummelte Egozentrischer Prellbock und hatte den Pudel im Nu geschnappt. Er wurde ins Lager der Indianer gebracht und in einen großen, mit Wasser gefüllten Topf geworfen, unter dem ein Feuer knisterte. Plattfußindianer tanzten singend um den Topf herum und streuten dem Pudel von Zeit zu Zeit wohlriechende Gewürze auf den Kopf.

»Oh!« sagte Dante. »Alle Anzeichen deuten darauf hin, daß man mich kochen will. Nun, ich bin unverbesserlicher Optimist. Die Lage mag im Moment nicht rosig aussehen, doch ich bin überzeugt, daß nächstens ein deus-ex-machina auftaucht und mich befreien wird. Schubidi. Schubidu.«

Der Pudel wartete einen Augenblick und fuhr fort: »Da könnte zum Beispiel ein plötzlicher Platzregen dem Feuer ein Ende bereiten. Oder Wind kommt auf und bläst den Topf um. Oder ... Tausende von Möglichkeiten gibt's. Schalali. Schalala ... Langsam, ich will's nicht verhehlen, wird mir eigentümlich warm. Und mein armer kleiner Schwanz … ojeojeoje, ganz angebrannt riecht er. Hallo! Ich will raus!«

Die Indianer lachten hämisch.

»Aufwachen!« befahl sich der Pudel. »Das Ganze ist nur ein böser Traum! Aufwa … aaaaa! Wasser ausschlürfen! Feuer ausblasen! Hilfe!«

22. Paganini

Der Abstieg vom Kinn gestaltete sich schwierig, überall lagen zertrümmerte und verkohlte Palmenstämme. Die Pianistin fiel mehrere Male hin, doch ich achtete nicht auf sie, eilte weiter, ich wußte selbst nicht, wohin eigentlich. Ich hatte nur das Gefühl, ich müsse vorwärtskommen.

Gajas Mund wurde unter größten Strapazen überquert, die Lippen waren vom Saft der geopferten Preiselbeeren rot gefärbt. Glücklicherweise waren keine Indianer in der Nähe.

Und dann stand ich vor einem riesigen Gebirge: Gajas Nase. Aus dem linken Nasenloch strahlte ein seltsames blaues Licht. Ich trat ein und sah mich um. Plötzlich vernahm ich Schritte, ein großgewachsener, schwarzgekleideter Mann mit eingefallenen Wangen, spitzem Kinn, zusammengezogenen Lippen, stechenden Augen und wilder Frisur stand vor mir.

»Paganini!« rief ich. »Sie sind's wirklich! Was für eine große Freude! Ich kenne alle Ihre Violinkonzerte! Ich bewundere Sie, seit ich ein Kind bin!«

»Mein Gott«, sagte Paganini mit gelangweilter Stimme. »Schon wieder einer. Hier haben Sie Ihr Eintrittsticket ... Nummer 3018.«

Paganini schlurfte wortlos voran. Ich folgte ihm durch einen langen Gang aus glitschiger Schleimhaut, dann durchquerten wir ein Labyrinth aus rosafarbenen Gehirnwindungen, die wabbelten und pulsierten, schließlich standen wir vor einem breiten Spalt. Über eine Brücke erreichten wir die andere Hirnhälfte. Dort ging's nach unten, bis wir vor einem großen schwarzen Tor standen.

»Da müssen wir durch«, sagte Paganini und gähnte, »es führt direkt in die Hölle.«

»Oh!« rief ich beeindruckt und trat in eine riesige schwarze Höhle, in der es bestialisch nach Pech und Schwefel stank.

»Wer ist der rote Gigant mit den Hörnern und dem Bocksfuß da vorne?« fragte ich.

»Das ist unsere teuflische Hauptattraktion«, antwortete Paganini, »arbeitet schon lange hier, für 15 Franken in der Stunde, neuester Tarifabschluß. Sie muß satanisch kichern und sich sündige Menschen in den Schlund stopfen. Ist das nicht schauerlich?«

Wir stiegen eine steile Wendeltreppe empor und gelangten in eine weitere Höhle.

»In dem Tümpel da vorne«, teilte mir Paganini mit, »sehen Sie drei Leute: Auf einer Mitra, die im Wasser schwimmt, steht ein Bischof, der verzweifelt versucht, einen kleinen Rabbiner mit seinem Stab unter Wasser zu drücken. Der Rabbi wehrt sich ganz ordentlich ... Die Szenerie vervollständigt ein dunkelhäutiger Mann mit einem überdimensional großen Turban auf dem Kopf, der auf einem im Wasser treibenden Kamel sitzt und den Bischof und den Rabbi mit einer langen Flinte aufs Korn nimmt. Sie können sich nur für einen der drei Kontrahenten entscheiden und bei mir einen dementsprechenden Wimpel kaufen: einen hellschwarzen, wenn Sie den Bischof favorisieren, einen mittelschwarzen, wenn Sie den Rabbi vorne sehen, oder einen dunkelschwarzen, wenn Sie glauben, daß der Turbanmensch obsiegt. Der Wimpel kostet eins fünfzig.«

»Ich habe kein Interesse an diesem Spiel. Viel mehr würde mich Ihr Spiel auf der Geige interessieren.«

»Sie sehen doch, daß ich jetzt als Reiseführer arbeite.«

Wir stiegen eine weitere Wendeltreppe hinauf und standen schließlich in einem lieblichen Garten voll von Blumen und Bäumen.

»Der gelbe See, den Sie da vorne sehen«, informierte mich Paganini, »besteht aus Vanillesauce. Die Berge im Hintergrund setzen sich aus hundertprozentigem Quarkauflauf zusammen.«

»Ihr Paradies ist keine sehr hehre Angelegenheit«, kommentierte ich. »Es ist genau so, wie ich mir als Kind das Schlaraffenland vorgestellt habe. Es ist einzig und allein dazu geschaffen, orale und anderweitige Begierden zu stillen.«

»Na und?«

»Nichts. Toll finde ich das.«

»In dem Tempel da vorne«, fuhr Paganini fort, »wohnen alle Götter. Vielleicht haben Sie Lust, Herrn Zeus mal die Hand zu schütteln oder mit dem Heiligen Geist Frisbee zu spielen?«

»Was sagen Sie? Alle Götter? Das ganze Pantheon aus Griechen, Römern und Kelten? Die Götzen der Inkas, die Buddhas der Seidenstraße, die Idole der Rätoromanen? Es wäre schon interessant, mal einen Blick reinzuwerfen.«

So gingen wir zum Tempel und schauten durch ein kleines Fenster hinein. In einer großen weißen Halle tummelten sich eigenartige Wesen.

»Bastard!« schrie ein mesopotamischer Quellengott einem altägyptischen Totengott ins Gesicht. »Ich bin der oberste Gott!«

»Daß ich nicht lache! Ich bin der wahre Gott!« konterte dieser.

»Der bin ich, du Betrüger«, brüllte einer mit einem Flußpferdkopf und bekam im selben Moment von einer fetten germanischen Fruchtbarkeitsgöttin mit einem Füllhorn eins übergebraten.

»Die sieben fettleibigen, schmalzlockigen Giganten mit den angeklebten Kartonflügeln sind die sieben Erzengel«, flüsterte Paganini. »Gabriel hat Uriel mit einem aus einer Neonröhre gefertigten Flammenschwert gerade ein Auge ausgestochen ... Himmel, wohin soll das führen? Genug jetzt.«

»Was ist mit der Pyramide aus Gold in der Mitte des Tempels, die in so atemberaubendem Glanz erstrahlt?«

»Dort drin sind alle Antworten auf alle Fragen eingeschlossen. Leider ist der Schlüssel verlorengegangen. So. Ich habe Ihnen jetzt alles gezeigt.«

»Wenn Sie mir noch eine Auskunft geben könnten«, bat ich schüchtern, »ich würde auch gerne so toll fiedeln können wie Sie.«

»Da hätten Sie mit drei, spätestens mit fünf Jahren beginnen müssen zu üben, denn später wird nichts mehr draus.«

»Verstehe.«

»Ich kann Ihnen etwas verraten, wenn Sie wollen. Am Strand der Insel Chranada ist irgendwo das Manuskript mit meinem völlig unbekannten siebten Violinkonzert vergraben. Adieu!«

Nach diesen Worten verschwand Paganini unvermittelt.

23. Der Weltuntergang

Mein Kopf schmerzte so stark, daß ich die Augen schließen mußte. Nach einem Traum, wie ihn nie zuvor ein Hirn ersonn, stand ich auf Gajas Nasenspitze, dem höchsten Punkt der Insel. Im nächsten Moment erreichte auch die Pianistin die Nasenspitze. Sie deutete auf den Geigenkoffer.

»Ihr Piano?« fragte ich. »Sind Sie mir nur wegen Ihres Pianos gefolgt?«

In diesem Augenblick ertönte hoch oben ein Surren, und kleine Pünktchen waren am Himmel zu erkennen, die sich langsam auf die Insel zu bewegten.

»Ich liebe Sie«, flüsterte ich.

Die Pünktchen am Himmel waren inzwischen größer geworden. Es war nicht klar auszumachen, worum es sich dabei handelte, aber wenn nicht alles täuschte, war es ein ganzes Heer von fliegenden Schreibmaschinen.

»Erhören Sie mich!« flehte ich die Pianistin an, doch diese blieb stumm.

Es handelte sich in der Tat um fliegende Schreibmaschinen, die aus großen Kanonen Schüsse auf die Insel abfeuerten. Indianerblut, vermischt mit Preiselbeersaft und dicken Saucen, grau, violett, crevettenfarben, spritzte in den Himmel und verdunkelte die Sonne. Auf der größten Schreibmaschine saß ein irre lachendes Männchen, das sich wollüstig die Hände rieb.

»Das Spiel ist aus!« rief es, lenkte seine Schreibmaschine Richtung Nasenspitze und brachte sie wenige Meter über uns zum Stehen.

»Physiklehrer? Sie sind's?« fragte ich erstaunt.

»Jawohl, Sie Narr!« kam die Antwort. »Hätten Sie auf mich gehört und sich nicht auf so aberwitzige Eskapaden eingelassen! Die Wissenschaft regiert die Welt. Alles ist erklär- und berechenbar. Etwaige Ausnahmen werden eliminiert.«

»Sie sind wahnsinnig!« rief ich.

»Haben Sie noch einen letzten Wunsch, bevor Sie sterben?«

Die Pianistin hatte mittlerweile ihr Piano aus dem Koffer geholt und begann eine wundersame Melodie.

»Wir könnten direkt auf die Katastrophe zutanzen,
Mit jedem Schritt, den wir tun,
Wir könnten direkt ins Unglück rennen,
Doch ich hab' das Gefühl, es ist uns gleich«

sang sie dazu mit ihrer schönen, hellen Stimme, die wie eine Flöte klang und die ich schon so lange nicht mehr gehört hatte. Dann nahm sie mich bei der Hand, und wir begannen zu tanzen.

»In der Jugendherberge von Saloniki,
Da haben wir uns kennengelernt,
In der Jugendherberge von Saloniki
Haben wir die ganze Nacht getanzt.

Ich kann nichts dafür, Kleine,
Bin der Sklave meiner Triebe.
Du weißt genau, was ich meine,
Du weißt genau, daß ich dich ...«

sang ich.

»Tanzt nur und singt!« schrie der Physiklehrer und machte sich daran, mit einer Laserpistole in der Hand von seiner fliegenden Schreibmaschine herunterzuklettern, »Euer letztes Stündlein hat geschlagen!«

»Schnell!« sagte die Pianistin, »Lieben wir uns! Das könnte uns retten!«

Ich wollte meinen Ohren nicht trauen.

Die Pianistin riß sich ihre schwarzen Kleider vom Leib, und da stand sie, nackt.

Ich fühlte eine Art Fieber sich meines Körpers bemächtigen, mein Kopf drehte sich, ich stammelte zitternd: »Ihre zwei Brüste – eine links, rechts die andere – klein, fest, glatt und so weiß, daß feine Venen bläulich durchschimmern, vorne dran die Warzen, rund, von der Farbe der Fische, die ...«

»Nun mach schon!« rief die Pianistin.

Ich massierte nervös mein Kinn, strich mein Haar glatt, schneuzte mich, sah der Pianistin tief in die Augen, ließ meinen Goldzahn in der Sonne funkeln und drehte mich um – der Physiklehrer hatte sich mit seinem weißen Kittel in der Schreibmaschinentastatur verfangen und fluchte –, ich entledigte mich flink meiner Bekleidung und stürzte mich auf die Pianistin.

»Das macht viel mehr Spaß, als sich mit Geigen und ähnlichen Folterinstrumenten herumzuquälen«, flüsterte sie mir ins Ohr.

»Aaaaaa!« stöhnte ich.

»Do re mi«, keuchte die Pianistin.

So lagen wir aufeinander, und unsere Lustschreie hallten durch die Gegend. Ein unbeschreiblicher Orgasmus folgte – und dann schien alles verloren zu sein.

Der Physiklehrer stand lächelnd vor uns, sein Mordinstrument auf uns gerichtet.

24. Locus iste

Die Spermienzelle hatte ihr Ziel erreicht, einen riesigen schwarzen Spalt, der sich bedrohlich vor ihr auftat.

Hier also sollte sich ihr Schicksal erfüllen.

Die Spermienzelle schloß die Augen, hielt sich die Nase zu und sprang in den Abgrund.

25. *Exultat orbis gaudiis*

Gerade in dem Moment, als der Physiklehrer abdrükken wollte, bebte die Erde. Der Physiklehrer stürzte, war aber sofort wieder auf den Beinen und ... brüllte, schlug wie wild um sich, doch wenn ein Pudel einmal zugebissen hat, läßt er nicht so schnell wieder los. Dante bohrte seine Zähne tiefer und tiefer ins Sitzfleisch der Wissenschaft.

Da erbebte die Erde zum zweiten Mal. Und hörte nicht wieder auf zu beben.

Gaja war erwacht.

Alles ging sehr schnell.

Eine riesige Hand schoß aus dem Meer empor und zerquetschte den Physiklehrer. Dann folgte ein lässiger Schlag, und die Schreibmaschinen fielen wie tote Fliegen vom Himmel. Die meisten versanken gurgelnd im Ozean, eine zertrümmerte das Piano der Pianistin.

Die Erde zitterte und donnerte.

Ich zog die Pianistin und den Pudel, der sich zum Glück rechtzeitig vom Hinterteil des Physiklehrers hatte losreißen können, mit mir in den grünen Geigenkoffer, der eine Hundertstelsekunde später in hohem Bogen ins Meer katapultiert wurde.

Dann herrschte Stille.

26. Nach Prag

Die Stille hielt an, viele Tage lang, bis der Koffer endlich an Land gespült wurde. Zaghaft hob ich den Deckel und spähte ins Freie. Wiederum waren wir an einem Sandstrand gelandet, und weit und breit gab es nichts zu entdecken, was auf Menschen gedeutet hätte.

»Nach den Strapazen der letzten Zeit«, meinte der Pudel, »verspüre ich das dringende Bedürfnis nach Ruhe. Sie werden es mir hoffentlich nicht übelnehmen, wenn ich mich jetzt von Ihnen verabschiede und meinen Weg ohne Ihre Gesellschaft fortsetze – eine großartige Zeit steht mir bevor, mein Theaterstück steht kurz vor der Vollendung, es wird mich reich und berühmt machen.«

Nach diesen Worten zottelte der Pudel mit einigen vermoderten Papierseiten im Maul von dannen, ohne sich ein einziges Mal umzublicken.

»Genauso kurz und schmerzlos«, sagte die Pianistin mit dezidierter Stimme, als der Pudel aus unserem Blickfeld verschwunden war, »will auch ich Ihnen Lebewohl sagen. Ich werde Sie stets in bester Erinnerung behalten, als Andenken an das, was zwischen uns beiden war, schenke ich Ihnen diese Kette mit einem goldenen Anhänger in Form eines Auflösungszeichens, das Ihnen stets alle Hindernisse aus dem Weg räumen und Ihnen ein ungehindertes Fortkommen ermöglichen soll.«

Sie legte mir die Kette um den Hals, küßte mich und wandte sich dann ab, um, mit dem grünen Geigenkoffer unter dem Arm, in entgegengesetzter Richtung davonzuschreiten.

So stand ich da, mittellos und allein gelassen, und wußte nicht, was tun.

Schließlich marschierte ich landeinwärts. Um mich herum war nur Sand, die Sonne brannte heiß, und ich wollte bereits alle Zuversicht fahrenlassen, als ich unvermittelt vor einer Postkutschenstation stand.

An einem unsinnigeren Ort hätte man sie wohl nicht plazieren können, ich machte mir nicht die geringste Hoffnung, daß hier in den nächsten zwanzig Jahren jemand vorbeikommen würde.

Doch da hatte ich mich getäuscht: Unter lautem Glockengebimmel näherte sich eine riesige gelbe Kutsche, der zwölf Pferde vorgespannt waren, und hielt wenige Schritte neben mir an. Ein unverschämt grinsender Zwerg hockte auf dem Kutschbock und bedeutete mir gestenreich, einzusteigen.

Das Gefährt war gefüllt mit Leuten, die pausenlos aufeinander einredeten – zwei Polizisten saßen da (›Nüesch‹ und ›Storni‹ stand auf den Namensschildchen ihrer grellorangen Uniformen), ein finster dreinblickender Kardinal, zwei ziemlich anmaßende Bürschchen, die sich gegenseitig mit ›Johannes 1‹ und ›Johannes 2‹ ansprachen – Personen, mit denen ich keine Bekanntschaft machen wollte. Im weiteren saß da, inmitten einer Horde Pfadfinder und von einer dichten Rauchwolke umhüllt, der Troubadour, den ich früher schon einmal gesehen hatte.

»Sehe ich deine Haare so rot,
Deine Lippen so rot,
Für dich ging' ich in den Tod,
In den Tod«

sang er, wobei er auf einer Leier, der mehrere Saiten fehlten, herumzupfte. Nachdem er sich in eine Art Socken geschneuzt hatte, fuhr er fort:

»Dein schöner Fuß
Ist weiß wie Schnee,
Mein letzter Gruß
Ist ein traurig ›Ade‹.

Mein schnelles Pferd
Sprengt schon davon,
Und du mit Gerd
Trinkst meinen Bourbon.

So ist nun mal der Lauf der Dinge,
So ist nun mal der Dinge Lauf,
Und ich, der ich nun weitersinge,
Mache mich zu Lucy auf.«

Genauso holprig wie sein Lied gestaltete sich die Fahrt. Ich hatte keine Ahnung, wohin wir überhaupt fuhren, aber das war ja nicht das erste Mal.

Mir war schlecht, ich schwitzte, der Lärm und die vielen Leute machten mich halb verrückt.

»Sie scheinen mir ein interessanter junger Mann zu sein«, wisperte mir plötzlich jemand ins Ohr. »Ich bin ein Freund von Professor Passavanti, der an der Universität zu Prag polnische Philologie doziert. Ich denke, er würde sich über einen Besuch von Ihnen freuen.«

Ich konnte nicht herausfinden, wer diese Worte zu mir gesprochen hatte, denn in diesem Moment hielt die Kutsche ruckartig an, und ich wurde von kreischenden Pfadfindern hinausgestoßen.

27. Professor Passavanti

Unsanft landete ich auf einem gepflasterten Plätzchen. ›Universität zu Prag‹ verkündete ein Schild, das an einem verwitterten Gebäude angebracht war. Nachdem ich aufgestanden war und mir den Staub von den Kleidern geklopft hatte, entschloß ich mich, Professor Passavanti aufzusuchen. Es war mittlerweile Abend und kalt geworden, und ich benötigte dringend etwas zu essen. Ich hoffte, Passavanti würde mir nicht nur geistige, sondern auch kalorienreiche Nahrung verschaffen können. Ich fand den Eingang zur Universität und nach einigem Suchen auch Passavantis Büro. Ich klopfte, und eine hagere, vollkommen kahle Gestalt in einem schwarzen Mantel öffnete.

»Ich bin auf dem rechten Auge fast blind und auf dem linken Ohr fast taub. Ich werde es nicht mehr lange machen«, begrüßte mich der Dürre und zog mich mit blitzenden Augen in ein düsteres, stickiges Zimmer. An den Wänden hingen Holzschnitte von Dürer, der Apokalypsenzyklus war zu erkennen, der ganze Raum war mit Büchern überfüllt, Millionen von Büchern, dicke, dünne, alte und uralte, verstaubt und zerfleddert stapelten sie sich zu meterhohen Türmen.

»Ich brauche dringend einen Assistenten«, fuhr der Mann fort.

»Professor Passavanti?« fragte ich.

»So ist es. Ich arbeite an einer wichtigen Sache, so

wichtig, daß Sie sich keinen Begriff davon machen können. Nichtsdestotrotz will ich versuchen, Ihnen die weltumstürzenden Resultate meiner lebenslangen Forschung zu erklären. Hören Sie genau zu. Im 18. Jahrhundert lebte ein Mann namens Gregor Fährmann, der den Menschen völlig neu erschaffen wollte. Mit siebzehn Jahren begann er, mit einem einzigen Bronzefaden einen menschlichen Kopf herzustellen, und dieser Kopf hatte die Form eines perfekten Dreiecks. Er benötigte fünf Jahre hierfür und betrieb dann Studien zum Prozeß des Gleichklanges in gotischen Kathedralen. In Chartres stieß er zufällig auf eine Darstellung König Salomons, der einen Zitteraal in der rechten Hand hielt. Das verleitete ihn dazu, Astrologie zu studieren, im besonderen konzentrierte er sich auf die Elemente Wasser und Erde. Dabei stieß er auf Argo, die menschliche Ursprache, auch ›Vogelsprache‹ genannt, die von den Sumerern und den Churrhitern gesprochen worden war und von der noch 50 Wörter existieren. Mit diesen 50 Wörtern im Gepäck ging er nach Zentralindien und studierte dort die Konsonantenumkehr, begann sich dann für die Götter Gilgamesch und Enkidu zu interessieren, schiffte sich nach Amerika ein und stellte sich dort die Frage, wie sich der Mensch ernährt. Er ist der Begründer des Ausspruchs: Du bist, was du ißt. Sein erstes Buch, ›Baustein für einen neuen Menschen‹, wurde ihm leider gestohlen, doch Fährmann war so klug, seine Resultate vorher noch schnell in zehn Steinplatten zu hauen und diese auf dem Monte Verità zu vergraben. Sein bisher angesammeltes Wissen plus seine Studien über die Orgonenergie, das Sexualleben aller Menschen, führten ihn zur Fähigkeit, Regen zu machen, Krebs zu heilen und mehrere Stunden auf dem Kopf zu balancieren. Im Jahre 1743 wurde er vom Lebensmittelamt des Staates Oregon verhaftet und in einen Kerker in Pisa gesperrt, wo er Konfuzius ins Französische übersetzte und Alchemist wurde, sich mit der Verwandlungssprache auf chemischem Weg zu beschäftigen begann, Argo suchte, also die Vogelsprache, und leider einsehen mußte, daß es für den Menschen, der ganz anders funktioniert, noch nicht Zeit war. Dafür gelang es ihm, Gold aus Gold zu machen. Diesen chemischen Prozeß verglich er mit folgender These: ›Salz‹ gleich ›Erde‹ gleich ›setzt sich‹. ›Was will die Erde?‹ war die nächste logische Frage. Ist es möglich, jeden Charakterzug einem chemischen Element zuzuordnen? Was ist der Stein der Weisen? Ist der Stein der Weisen nicht die starke Identifikation mit sich selbst, also der Wunsch, sich selbst in sich selbst zu verwandeln? Haben Sie verstanden, worum es geht?«

»Nein«, erwiderte ich wahrheitsgetreu.

»Heute nun«, fuhr Passavanti fort, und aus seinem Mund troff Speichel, »ist Pfingsten, und wir werden mit dem Heiligen Geist erfüllt werden.«

»Ich hätte eine Frage.«

»Unsere große Stunde naht! Heute morgen hat ein gewisser Fenriswolf angerufen. Um Mitternacht wird die Welt untergehen, und nur wir zwei werden gerettet werden. Nehmen Sie darum noch soviel Wissen wie möglich mit sich, schnell, die Zeit drängt!«

»Ich habe langsam die Nase voll von diesen andauernden Weltuntergängen. Ich hätte gerne etwas zu essen gehabt, das ist alles.«

»Dann«, kreischte der Professor, »sehen Sie sich um! Nehmen Sie die Bücher, die am leckersten aussehen, und essen Sie! Hier! Eine Studie über ›Titus Andronicus‹! Will't please you eat? Will't please your highness feed? Oder hier! Ein Faksimile von Konrads von Würzburg ›Herzmaere‹!«

Passavanti hüpfte wie wahnsinnig von einem Bein aufs andere.

Er biß kräftig in ein dickes rotes Buch. »Köstlich! Wollen Sie auch ein Stück?«

»Nein, danke«, sagte ich und zog es vor, die Universität auf dem schnellsten Weg zu verlassen. Vorher steckte ich mir noch geschwind ein dünnes, unscheinbares Büchlein ein, das mein Interesse geweckt hatte.

28. *Hin und zurück*

Lange Zeit irrte ich umher, bis ich am Ende einer breiten Straße ein großes, blau beleuchtetes Marmorgebäude mit vielen Fenstern, aus denen helles Licht kam, stehen sah. Von einer magischen Aura schien es umgeben zu sein, ich hatte keine Wahl, ich mußte darauf zugehen. Vor der Treppe zum Eintrittsportal stand eine kleine Kabine, das Billetthäuschen, wie ein Schild verriet. Ein Pelikan saß darin und starrte trübsinnig ins Leere. Als er mich erblickte, versuchte er, hurtig die Läden zu schließen, doch ich konnte ihn im letzten Augenblick daran hindern.

»Was ist das für ein Haus?« fragte ich. Der Pelikan blieb stumm. Ich mußte meine Frage zweimal wiederholen, bevor das Tier mit der Antwort herausrückte: »Ein Konzerthaus. Doch es ist geschlossen.«

»Warum brennt dann Licht?«

»Nun ...«

Ich packte den Vogel bei der Gurgel.

»In wenigen Minuten wird ein Konzert stattfinden«, japste er.

»Dann hätte ich gerne eine Karte.«

»Keine mehr da.«

Ich drückte fester zu.

»Hin und zurück?« keuchte der Pelikan.

»Wie soll ich diese Frage auffassen?«

»So ein Konzert ist ein gefährliches Abenteuer.«

»In diesem Falle hin und zurück.«

»Wunderbar. Hier haben Sie noch ein Programmheft, und die hier sind obligatorisch«, erklärte der Vogel und reichte mir die Tickets, das Heft und zwei gelbe Ohrstöpsel durchs Schalterfenster. Ohne mich groß zu wundern, nahm ich die Konzertutensilien an mich, stieg die Stufen hoch und trat durchs Portal. Ein riesiger Saal, der mehrere tausend Sitzplätze umfaßte, lag vor mir. Erstaunt stellte ich fest, daß ich der einzige Zuschauer war. Diese Tatsache ließ eine gewisse Beklemmung in mir aufsteigen, verunsichert setzte ich mich in die hinterste Sitzreihe. Hart war der Klappsessel, die geschmacklosen Kronleuchter an der Decke machten den Anschein, jederzeit herabstürzen und mich unter sich begraben zu können, die schlammgrünen Säulen, die überall herumstanden, hatten meiner Ansicht nach keinerlei Stützfunktion, sondern einzig und allein die Aufgabe, mir jegliche Aussicht zu versperren. – ›Na ja‹, sagte ich mir, während ich eine gewagte Verrenkung vollführte, um einen Blick auf die Bühne zu erhaschen.

Der schwere rote Vorhang war geschlossen, dahinter war ein leises Wispern zu vernehmen, ansonsten herrschte absolute Stille im leeren Raum. Als sich der Vorhang endlich öffnete und den Blick auf eine Schar schwarzgekleideter Orchestermusiker freigab, kam es mir vor, als hätte ich Tage gewartet.

»Aaa – chtung!« schrie jemand, und die Musiker standen stramm. Ein ebenfalls schwarzgekleideter Mann trat auf die Bühne und blickte durch einen Feldstecher in den Zuschauerraum. Als er mich erspäht hatte, verfinsterte sich seine Miene.

»Ein Zuschauer«, sagte er.

Die Köpfe der Musiker drehten sich ruckartig in meine Richtung. Angewidert musterten sie mich und warfen mir böse Blicke zu.

Noch nie in meinem Leben hatte ich das Gefühl gehabt, so unwillkommen zu sein wie hier.

›Ich werde als Eindringling betrachtet‹, dachte ich. ›Im Grunde genommen verständlich – ich verstehe ja wirklich nichts von Musik.‹

Eingeschüchtert nahm ich das Programmheft hervor und begann, übereifrig darin zu blättern. Bei dem Orchester handelte es sich um das Philadelphische Philharmonieorchester unter der Leitung von Stan Strangler. Im ersten Teil des Konzertes sollte Tschaikowskys Violinkonzert gespielt werden, und nach einer Pause sollte es eine Überraschung geben.

Vorsichtig hob ich die Augen: Die Orchestermusiker hatten hinter ihren Instrumenten Platz genommen, Strangler lief bedächtig auf und ab. Totenstille erfüllte den Saal, ab und zu räusperte sich jemand. Nervosität und Gefahr lagen in der Luft.

29. Stilleben im Solistenzimmer

Von einem Schleier aus weißer Seide verhüllt, lag Sibylle auf dem schwarzen Kanapee, das im finsteren Solistenzimmer stand. Ihr rechter Arm hielt eine rot schimmernde Violine. Die Fingerspitzen der linken Hand berührten fast einen plumpen weißen Hund mit langen Zotteln und Schlappohren, der am Boden schlief. Er folgte ihr überallhin nach, und hatte sie sich irgendwo niedergelassen, haute er sich in ihrer Nähe aufs Ohr. Im Schlaf rollte er albern mit den Augen und streckte dreist seine Zunge heraus. Stand sie auf, stand auch er auf, ging sie hinaus, tat er's ihr nach, lief sie nach rechts, lief auch er nach rechts. Wenn sie Geige spielte, hielt er sich demonstrativ die Ohren zu.

Als draußen eine Kirchturmuhr neunmal schlug, erhob sich Sibylle und trat vor den runden Spiegel, streifte den Schleier ab und schlüpfte behutsam in ihr saphirblaues Konzertkleid aus leuchtendem Samt. Es war mit Perlen bestickt, die hübsche Blumenmotive bildeten. Das Futter raschelte zärtlich, luftig schmiegte sich das Gewand an ihre Haut. Sibylle drehte sich ein paarmal vor dem Spiegel und kontrollierte, ob es richtig saß. Dann nahm sie wieder ihre Geige zur Hand und begann zu spielen.

Diese Geige war nicht nur ein Instrument. Sie lebte. Sie sang und jubelte, schrie und flüsterte, lachte und weinte. Sie war ein Teil von Sibylle, ihre Stimme, ihr wichtigstes Kommunikationsmittel. Zu Beginn waren sie sich nicht gewogen gewesen, doch im Laufe der Jahre hatten beide mehr und mehr von sich preisgegeben, schließlich waren sie miteinander zusammengewachsen und unzertrennlich geworden. Ging es der einen nicht gut, grämte sich auch die andere, frohlockte die eine, jauchzte auch ihre Gefährtin. Jeden noch so kleinen Kratzer, den die Geige abbekam, verspürte Sibylle am eigenen Leib. Sie lebte ganz in der Musik und war selbst Musik. Die Musik eröffnete ihr eine Welt der Gefühle, die immer wieder andere Dimensionen annahm, die sie in unbekannte, unerwartete Bereiche entführte, in eine Zauberwelt voller Geheimnisse und Rätsel, voller Schönheit und reinster Liebe.

In diese Sphären würde ihr nie jemand folgen können. Sie war Solistin und zum Alleinsein verurteilt.

Sibylles Geburtshaus war durchsummt von Geräuschen, Klängen und süßen Melodien, tausend hellen Instrumenten, und des Abends hatten sie Stimmen in den Schlaf gewiegt. Im Traum stand sie in einem Wald aus wundersamen Bäumen, die beseelt schienen. Mit ihren Ästen fächelten sie ihr frische Luft zu und lockten sie, sich in ihren kühlen Schatten zu setzen, sich zwischen ihre knorrigen Wurzeln zu betten, ihre dicken, zerfurchten Stämme zu umarmen und zu liebkosen. Da gab es eine verwitterte Fichte, aus deren flechtenüberzogenem Stamm eine traurige Stimme drang: »Setzt Euch zu mir, zarter Cherub, ich will Euch schützen und für Euch singen.«

Jede Nacht verbrachte Sibylle bei dem Baum, bis sie am frühen Morgen das Klavierspiel ihrer Schwester aufweckte.

Wie schön die Geige heute klang!

Sibylle kontrollierte, ob genügend Kolophonium auf den Bogenhaaren war, und atmete tief durch.

Ein Konzert war wie eine Reise. Man wußte nie, wohin es einen bringen würde.

30. Des Konzertes erster Teil

Endlich tat sich vorne etwas: Eine junge Frau in einem blauen Kostüm trat aufs Parkett, von frappanter Ähnlichkeit mit der mir bekannten Pianistin. Strangler hob seinen Dirigentenstab, das Orchester begann zu spielen. Ich fühlte eine große Freude in mir aufsteigen. Die Musik würde mich für alle Unannehmlichkeiten der letzten Zeit entschädigen. Als die Violinistin ihrer Geige die ersten Töne entlockt hatte, war ich überwältigt. So eine harmonische, so eine berauschende und hinreißende Darbietung hatte ich noch nie erlebt.

Gegen Ende des zweiten Satzes rannte plötzlich eine kleine dicke Frau in einem roten Pullover mit einer Oboe in der Hand auf die Bühne und nahm keuchend auf einem Stuhl Platz, offensichtlich hatte sie sich verspätet. Sie lächelte verstört, schlug ihre Noten auf und versuchte, dem Orchester zu folgen, was ihr nicht gelingen wollte: Des öfteren blies sie total daneben. Ich hatte Mitleid mit der armen Oboistin, dem einzigen Farbtupfer im schwarzen Zirkel.

Als das Konzert zu Ende war, trat das Orchester geschlossen ab, die Violinistin zog sich ins Solistenzimmer zurück. Dieses zauberhafte Wesen mußte ich unbedingt kennenlernen. Nach einigem Zögern klopfte ich an die Tür und trat ein.

Die Violinistin lag auf einem schwarzen Sofa.

»Guten Tag, Frau ...«, stotterte ich.

»Sibylle.«

»Ich habe Ihr Konzert gehört. Toll. Wirklich. Ich bin beeindruckt. Sie erinnern mich stark an eine Pianistin, mit der ich vor einiger Zeit das Vergnügen hatte.«

»Das ist bestimmt meine ältere Schwester. Wie sie habe ich mein Leben ganz der Musik geweiht. Und meine jüngere Schwester ebenso«, fügte Sibylle hinzu, »und jetzt möchte ich Sie bitten, mich allein zu lassen.«

»Mich hat immer fasziniert«, quasselte ich weiter, »wie jemand auf ein lebloses Objekt fixiert sein kann – ich denke, Sie üben Ihre Anzahl Stunden pro Tag – nun, es gibt da die Theorie, daß die Moleküle dieser Gegenstände auf ihre Besitzer überspringen und umgekehrt, daß also Ihre Geige plötzlich einen gewissen Prozentsatz Sibylle – ich darf Sie doch Sibylle nennen? – aufweist und Sie andererseits aus x Prozent Geige bestehen –, das könnte Konsequenzen haben. Ich persönlich bin nie über längere Zeit mit einem Ding in Kontakt, außer mit Zigaretten vielleicht, doch nach zwei Minuten ist eine geraucht, die Chance, sich näherzukommen, besteht nicht, Gott sei Dank, denn wenn ich plötzlich aus mehr Zigaretten- denn Menschenmolekülen bestünde, wer weiß, käme ich vielleicht eines Tages noch auf die Idee, mich selber anzuzünden ...«

»Bitte gehen Sie. Ich fühle mich nicht gut«, unterbrach Sibylle.

»Was ich eigentlich sagen will: Vergessen Sie Ihre Geige, und spielen Sie auf mir.«

Sibylle blieb stumm.

»Sie sind die schönste Frau, die ich je gesehen habe.« Sibylle zeigte keine Reaktion mehr.

Mit einem beschämten Lächeln verließ ich das Solistenzimmer und lief dem Primgeiger in die Arme.

»Sie sind hier nicht willkommen«, teilte er mir mit kalter Stimme mit.

»Das habe ich gemerkt.«

»Sie haben hier nichts verloren«, fuhr der Primgeiger fort, »weder vor noch hinter der Bühne. Wir sind eine geschlossene Gesellschaft. Wir kleiden uns gleich, benutzen den gleichen Rasenmäher und die gleiche Zahnbürste, halten uns an genau festgelegte Regeln, Tagesordnungen und Zeitpläne. Und Sie stören uns, verschwinden Sie!«

»Ich habe den Eindruck, daß sich die Violinistin nicht wohl fühlt bei Ihnen. Ich fürchte sogar, daß sie bei Ihnen in falschen Händen ist.«

»Damit könnten Sie recht haben. Sie ist zu gut.«

»Zu was?«

»Zu gut. Und jetzt machen Sie, daß Sie fortkommen!«

Ich kehrte in den Zuschauerraum zurück und überlegte, ob es nicht tatsächlich gescheiter wäre zu gehen. Schließlich entschloß ich mich jedoch zu bleiben und setzte mich auf meinen Platz.

31. Ein musikalisches Damenopfer

Da saß ich und wartete. Mit den Fingern trommelte ich auf der Armlehne herum. Schließlich zog ich das Programmheft hervor und studierte es noch einmal. Wo blieb die angekündigte Überraschung?

Ein plötzliches Seufzen ließ mich hochschrecken. Auf dem Stuhl neben mir hockte der schwarze Pudel.

»Warten Sie nie auf eine Überraschung«, meinte er mir mitteilen zu müssen.

»Sie warten ja offenbar selbst«, gab ich zurück. Der Pudel ging nicht auf meinen Einwand ein.

»Ein tragischer Todesfall ist zu beklagen«, fuhr er fort. »Die bedauernswerte Oboistin im roten Pullover ist umgekommen. Das arme Ding wurde hinterrücks mit mehreren Geigenbogen durchbohrt. Die Beseitigung ihrer sterblichen Überreste und das Entfernen der Blutflecke von Instrumenten und Notenblättern bringen eine gewisse Zeitverzögerung mit sich.«

»Das ist ja furchtbar!« rief ich.

»Es ist nicht das erste Mal, daß hier Orchestermusiker auf seltsame Weise ermordet werden. Ich erinnere an den Piccolospieler, der letzte Woche mit einer um den Hals gewickelten Geigensaite aus dem Fluß gefischt wurde. Oder den kleinen Posaunisten, der ...«

»Was ist der Grund für diese Vorfälle?«

»Nun«, antwortete der Pudel, »der Piccolospieler

hat in einem Konzert einmal einen Einsatz verpaßt. Der Posaunist hat sich kritisch über Stranglers Musikauffassungen geäußert. Die Oboistin – Sie haben's selbst gesehen – hat eben das Konzert verhauen. Strangler duldet keine Patzer.«

»Soll das heißen, daß Strangler ...«

»Strangler ist ein sehr interessanter Mann. Im Alter von einem Jahr konnte er bereits Klavier spielen wie ein Gott. Mit zwei lernte er Cello, Flöte und Trompete. Mit drei spielte er Ravels Streichquartett – und zwar alle Instrumente gleichzeitig. Ich verschwinde jetzt«, sagte der Pudel an dieser Stelle. »Hat mich gefreut, Sie wieder einmal getroffen zu haben.«

»Adieu!« sagte ich. »Wie geht's übrigens Ihrem Theaterstück?«

Doch der Pudel hatte den Saal bereits verlassen.

In diesem Moment trat der Primgeiger auf die Bühne. Mit sachlicher Stimme teilte er mit: »Der zweite Teil des heutigen Programmes wird in Form eines Duelles auf Leben und Tod bestritten. Gegenüber stehen sich die Solistin und der Dirigent. Damit beide mit gleich langen Spießen antreten können, wurden die Waffen vorgeschrieben. Beide kämpfen mit einer Violine. Sieger ist, wer die 24 Capricci von Paganini schneller spielen kann als sein Kontrahent. Der Sieger wird dem Verlierer bei lebendigem Leib die Haut abziehen. Der Richter sind Sie.« Er deutete auf mich und trat ab.

»Ich? Aber wie soll ich ...«

Doch für Fragen war es zu spät. Vorne standen Sibylle und Strangler.

»Wir warten auf das Startzeichen«, sagte Strangler.

»Da mache ich nicht mit!« rief ich zornig. »Ich kann mir kaum denken, daß die Solistin freiwillig antritt.«

»Dann bestimme eben ich, wann's losgeht. Jetzt!« kreischte Strangler. Flink streifte er sein Jackett ab, und acht Arme kamen zum Vorschein. Strangler legte in einem atemberaubenden Tempo los, doch auch Sibylle schlug sich nicht schlecht und war beinahe so schnell wie der Dirigent. Ihre Finger schossen den Violinenhals rauf und runter, ich konnte ihnen mit meinen Augen kaum folgen. Die Musik wurde immer rasender, mein Kopf drohte zu platzen, ich wagte nicht zu atmen. Plötzlich riß eine Saite von Sibylles Violine. Sibylle hielt wie versteinert inne, dann spielte sie kurz entschlossen auf drei Saiten weiter. Doch die wenigen Sekunden Zögern sollten ihr den Sieg kosten ...

»Gewonnen!« triumphierte Strangler. Er hatte die 24 Capricci in genau sieben Minuten beendet und schleuderte seine Geige zu Boden. »Wieder einmal muß ein hoffnungsvolles Jungtalent seine Karriere beenden und über die Klinge springen.«

»Augenblick mal!« unterbrach ich. »Da ich der Richter bin und mir während des Wettkampfes gewisse Unregelmäßigkeiten aufgefallen sind, erkläre ich nicht Sie zum Gewinner, sondern die Violinistin.«

»Ich höre wohl nicht recht. Ein Mensch, der nicht die geringste Ahnung von Musik hat, wagt es, sich meinem Urteil zu widersetzen. Nun gut. Freunde, Römer, Mitwürger!« rief Strangler, und sofort umringten mich Hunderte von Orchestermusikern. »Wir sollen trotz allem nicht um unser musikalisches Opfer kommen. Hier steht ein Mann, der für sein Leben gerne auf dem

Gebiet der Musik etwas leisten würde. Da er aktiv leider nichts zustande bringt, will ich ihm die Chance geben, wenigstens passiv eine bescheidene Rolle zu spielen.«

»Wie das?« fragte ich.

»Als Instrument!« erwiderte Strangler und begann zu singen:

»Lassen Sie sich zupfen
ziehen schlagen rupfen
zerren kneifen kneten
hauen reißen treten
auf sich herumtrompeten –
zieren Sie sich nicht!
Apollo anzubeten
ist unsre heilge Pflicht!«

Die Orchestermusiker begannen zu grinsen. Einer nach dem anderen holte einen langen, spitzen Bogen hinter dem Rücken hervor.

»Zupft und knetet euch selber«, sagte ich und versetzte Strangler mit meinem linken Fuß einen kräftigen Tritt. Strangler gluckste und stürzte, mit seinen Armen wild um sich schlagend, auf ein Cello, der scharfe Hals durchbohrte ihn, Blut spritzte nach allen Seiten. Die allgemeine Irritation, die sich jetzt breitmachte, nutzte ich zur Flucht.

32. Dur oder Moll?

Die Orchestermusiker nahmen wutschnaubend die Verfolgung auf. Ich rannte einen langen, mit dunkelrotem Samt ausgekleideten Korridor entlang. Wo war Sibylle? Lebte sie noch?

Der Gang schien kein Ende nehmen zu wollen. Hinter mir hörte ich die Musiker schnaufen, gleich würden sie mich packen. Schon spürte ich ihren heißen Atem im Nacken, da teilte sich der Gang unverhofft, links ging's nach Dur und rechts nach Moll, ohne eine Sekunde zu überlegen, wählte ich Dur und stand nach einigen Metern vor einer schwarzen Tür. Natürlich war sie verschlossen, und mir fehlte der passende Schlüssel. Zu meinem Glück erinnerte ich mich an die Halskette mit dem kleinen goldenen Auflösungszeichen, die mir die Pianistin geschenkt hatte. Wie ein Exorzist sein Kruzifix, streckte ich das Ding in die Höhe, und die Tür sprang auf. Ich trat auf fünf hauchdünne schwarze Fäden, die gefährlich hin- und herschwankten und sich wie eine Brücke ins Unendliche zu spannen schienen. Nach allen Seiten ging es ins Abgrundtiefe hinab, mir blieb keine andere Wahl, wie ein Seiltänzer balancierte ich vorwärts, stolperte über Noten und musiktheoretische Begriffe aller Art, mehrere Male verlor ich fast das Gleichgewicht und wäre beinahe abgestürzt; Andantino – animato – Intermezzo – agitato – Contrapunto –

doloroso – pizzicato – lamentoso – Serenade – sostenuta – Paraphrase – postreduta – meno – troppo – ritardando – tanto – forte – agitando – Kavatine – Barcarole – Quinte – Quarte – Kapriole – fine – Fuge – meno – torto – majeur – mineur – quasi – morto strauchelte ich weiter, hüpfte über Triolen, Toccaten und Terzette, die Notenlinien waren nahe daran zu reißen, knapp entging ich einem Schwarm 64stel Noten, der mir entgegengeschwirrt kam (man stelle sich nur vor, sie hätten sich mit ihren Widerhaken in mein Fleisch gebohrt), mein Herz hämmerte in rasendem Takt, plötzlich stellte sich mir ein Wiederholungszeichen in den Weg – das Ganze noch mal? Gott sei Dank rettete mich wiederum mein Talisman aus der Sackgasse.

Nun gelangte ich in eine Röhre aus goldfarbenem Metall. Der Boden war dermaßen glitschig, daß ich den Halt verlor, ausrutschte und nach unten sauste, es folgte eine scharfe Linkskurve, dann wand sich das Rohr nach oben, wie auf einer Achterbahn kam ich mir vor, kotzübel war mir, als ich endlich ausgespuckt wurde und am Ufer eines breiten schwarzen Flusses landete, der durch eine riesige Höhle aus ebenso schwarzem Gestein floß.

»Sibylle!« rief ich aus, als ich am anderen Ufer die Violinistin stehen sah. Auf eigenartige Weise war sie durchsichtig, ja, es schien, als ob sich ihr Körper von Sekunde zu Sekunde mehr verflüchtigte und langsam in Luft auflöste.

»Kommen Sie nicht näher!« rief sie mit schwacher Stimme.

»Meine Allerliebste!« schrie ich. »Ich werde Ihnen helfen! Warten Sie, ich komme rüber!«

»Lassen Sie mich in Frieden!«

Sibylle war kaum noch zu sehen. Woran mochte das liegen?

Auch ich verspürte auf einmal die tiefe Sehnsucht, mich in Luft aufzulösen, spurlos zu verschwinden, alle Sorgen hinter mir zu lassen. Doch dazu mußte ich auf die andere Seite gelangen. Das war der einzige Weg, meine Odyssee endlich zu beenden: Die anstrengende Reiserei von einem Ort zum andern hatte ich endgültig satt.

»Ich komme!« keuchte ich, »gehen Sie nicht weg!«

Ich wollte mich Hals über Kopf in die Fluten stürzen, als Sibylles Schemen die Geige ansetzte und eine Melodie zu spielen begann, die mir auch das letzte Restchen Verstand raubte. Wie angewurzelt blieb ich stehen und konnte mich nicht mehr rühren. So eine Musik hatte ich noch nie gehört, sie war nicht von dieser Welt. Eine unbeschreibliche Melancholie befiel mich, alle meine Glieder wurden hart und steif. Ich war dabei, mich zu verwandeln. An meinen Füßen bildeten sich Wurzeln, und meine Arme mutierten langsam zu Ästen. Und ich hätte mich wohl tatsächlich verbaumt, wenn ich nicht im letzten Moment alle Kraft zusammengenommen und mir die gelben Stöpsel in die Ohren gedrückt hätte.

»Bravo!« erschallte es aus Tausenden von Kehlen, das Licht ging an, Unmengen von Zuschauern, die alle ähnliche Pfropfen in den Ohren trugen, applaudierten begeistert. Unter ihnen saß auch ein idiotisch herumglotzender weißer Hund, der sich krampfhaft die Schlappohren zuhielt. Daran tat er sicher gut. Doch verpaßte er einiges.

Der Pelikan watschelte auf mich zu und führte mich ins Freie. Er durchlöcherte meine Tickets und entfernte sich eilig.

33. Nihil obstat

Nach all den nervenaufreibenden Ereignissen und haarsträubenden Abenteuern der vergangenen Monate und Jahre drängte sich die Frage auf: Sollte, konnte und durfte es so weitergehen?

Eine wichtige Entscheidung war fällig. Mir blieb, kam ich nach langem Nachdenken zum Schluß, nichts anderes übrig, als Poet zu werden.

Eine gute Idee. Ab heute war ich Poet, ein schöner Beruf, endlich war ich wer, keine Gestalt mehr ohne Bestimmung und Ziel.

Ich mietete ein kleines Zimmer im Parterre eines heruntergekommenen Turmes, in dem ein Politiker, ein Puppenspieler, ein Pressefotograf und ein Provitaminpudding hausten, kaufte mir auf Kredit einen Duden und ein Zitatelexikon, setzte mich an den Schreibtisch und wartete auf gute Einfälle.

Ich wartete ziemlich lange, Stunden vergingen, mittlerweile war es tiefe Nacht geworden. Gegen vier Uhr morgens drang ein trauriges Lied von draußen an mein Ohr:

»So ist nun mal der Lauf der Dinge,
So ist nun mal der Dinge Lauf,
Und ich, der ich nie wieder singe,
Hänge mich am Kirchturm auf.«

Seufzend schloß ich das Fenster und legte mich aufs Bett.

Hoffentlich würde der schwarze Pudel mal vorbeischauen und mich inspirieren. Oder war er nichts anderes als das Produkt meiner Phantasie? Genau wie die Pianistin? Und das Polarschnabeltier?

Ein nihilistischer Weltschmerz drohte, mich ein für allemal niederzuringen, als mir das Buch einfiel, das ich seinerzeit Professor Passavanti gestohlen hatte. Ich nahm es hervor: Komisch, es war blau gewesen, nun war es grün; und jetzt verfärbte es sich rot und erstrahlte dann in einem gleißenden Licht; an manchen Stellen fühlte es sich eiskalt an und an anderen siedend heiß; mal schwebte es vor Leichtigkeit und fiel dann zentnerschwer wieder nach unten; rauh war es und manchmal zart wie Samt; bedrohlich, kräftezehrend und peinvoll, dann wieder sorglos, fröhlich und unbeschwert; schäumende Sturmfluten schlugen mir entgegen, als ich darin blätterte, Sekunden später loderndes Feuer, schnaubende Windböen ein paar Seiten weiter; dann umsäuselten mich anmutige Lüftchen, und Vogelgezwitscher drang an mein Ohr, liebliche Musik und dunkle Stimmen; der Duft von Blumen stieg in meine Nase; Schlaf umfing mich; von seltsamem Getier träumte mir, von fernen Sternen und Planeten; und vor meinen Augen tanzten Tausende von fremden Schriftzeichen unentwegt Ringelreihen.

Ein außerordentliches Buch. Ich hätte große Lust, es zu schreiben.

Abbildung Seite 7:
Tizian. Venus mit dem Orgelspieler
(Ausschnitt), um 1550.
Bildarchiv Preußischer Kulturbesitz, Berlin

Deutschsprachige Literatur in der edition suhrkamp: Prosa

Aebli, Kurt: Küss mich einmal ordentlich. Prosa. es 1618
– Mein Arkadien. Prosa. es 1885
Batberger, Reinhold: Drei Elephanten. es 1459
Becker, Jürgen: Ränder. es 351
– Umgebungen. es 722
Beyse, Jochen: Bar Dom. Erzählungen. es 1930
– Ultraviolett. Erzählung. es 1603
Bleisch, Norbert: Viertes Deutschland. Erzählung. es 1719
Braun, Volker: Berichte von Hinze und Kunze. es 1169
– Es genügt nicht die einfache Wahrheit. Notate. es 799
Brecht, Bertolt: Die Geschäfte des Herrn Julius Caesar. Romanfragment. es 332
– Prosa. Bd. 3. es 184
Buch, Hans Christoph: An alle! Reden, Essays und Briefe zur Lage der Nation. es 1935
Dischereit, Esther: Joëmis Tisch. Eine jüdische Geschichte. es 1492
Döring, Bianca: Ein Flamingo, eine Wüste. Erzählung. es 1588
– Schnee und Niemand. Prosa. es 1779
Drawert, Kurt: Haus ohne Menschen. Zeitmitschriften. es 1831
– Spiegelland. Ein deutscher Monolog. es 1715
Enzensberger, Hans Magnus: Der Weg ins Freie. Fünf Lebensläufe, überliefert von Hans Magnus Enzensberger. es 759
Erste Einsichten. Jüngste Prosa aus der Bundesrepublik. Herausgegeben von Christian Döring und Hajo Steinert. es 1592
Fritsch, Werner: Steinbruch. es 1554
Goetz, Rainald: Kronos. Berichte. es 1795
– 1989. Material. Band 1-3. es 1794
Grill, Evelyn: Wilma. Erzählung. es 1890
Gruenter, Undine: Epiphanien, abgeblendet. 56 Prosastücke. es 1870
Gstrein, Norbert: Anderntags. Erzählung. es 1625
– Einer. Erzählung. es 1483
Hänny, Reto: Ruch. Ein Bericht. es 1295
– Zürich, Anfang September. es 1079
Handke, Peter: Phantasien der Wiederholung. es 1168
Hensel, Kerstin: Im Schlauch. Erzählung. es 1815
Hesse, Hermann: Tractat vom Steppenwolf. Nachwort von Beda Allemann. es 84
Hettche, Thomas: Inkubation. es 1787

300/1/3.95

Deutschsprachige Literatur
in der edition suhrkamp:
Prosa

Jansen, Johannes: Heimat. Abgang. Mehr geht nicht. Ansätze. es 1932
– Reisswolf. Aufzeichnungen. es 1693
– Splittergraben. Aufzeichnungen II. es 1873
Johnson, Uwe: Ingrid Babendererde. Reifeprüfung 1953. Mit einem Nachwort von Siegfried Unseld. es 1817
– Jahrestage. Aus dem Leben der Gesine Cresspahl. Band 1. es 1822
– Jahrestage. Aus dem Leben der Gesine Cresspahl. Band 2. es 1823
– Jahrestage. Aus dem Leben der Gesine Cresspahl. Band 3. es 1824
– Jahrestage. Aus dem Leben der Gesine Cresspahl. Band 4. es 1825
– Mutmassungen über Jakob. Roman. es 1818
– Porträts und Erinnerungen. Herausgegeben von Eberhard Fahlke. es 1499
– Versuch, einen Vater zu finden. Marthas Ferien. Tonkassette mit Textheft. Mit einem editorischen Bericht von Norbert Mecklenburg. es 1416
Kirchhoff, Bodo: Body-Building. Erzählung, Schauspiel, Essay. es 1005
– Legenden um dem eigenen Körper. Frankfurter Poetikvorlesungen. es 1944
Klix, Bettina: Sehen Sprechen Gehen. Prosa. es 1566
Kluge, Alexander: Gelegenheitsarbeit einer Sklavin. Zur realistischen Methode. es 733
– Lernprozesse mit tödlichem Ausgang. es 665
– Schlachtbeschreibung. Roman. es 1193
Koeppen, Wolfgang: Morgenrot. es 1454
Krechel, Ursula: Mit dem Körper des Vaters spielen. Essays. es 1716
Küchler, Sabine: In meinem letzten Leben war ich die Callas. es 1799
Laederach, Jürg: Eccentric. Kommentare. es 1928
– Schattenmänner. Erzählungen. es 1929
– Vor Schrecken starr. Fixierungen, Stechblicke, Obsessionen. es 1503
– Der zweite Sinn oder Unsentimentale Reise durch ein Feld Literatur. es 1455
Leutenegger, Gertrud: Das verlorene Monument. es 1315
Mattenklott, Gert: Blindgänger. Physiognomische Essays. es 1343
Mayröcker, Friederike: Magische Blätter. es 1202
– Magische Blätter II. es 1421
– Magische Blätter III. es 1646
– Magische Blätter IV. es 1954
Middendorf, Klaus: Wer ist Patrick? Oder: Das Tagebuch. Roman. es 1701

300/2/3.95

Deutschsprachige Literatur in der edition suhrkamp: Prosa

Morshäuser, Bodo: Hauptsache Deutsch. es 1626
– Revolver. Vier Erzählungen. es 1465
– Warten auf den Führer. es 1879
Muschg, Adolf: Herr, was fehlt Euch? Zusprüche und Nachreden aus dem Sprechzimmer des heiligen Grals. es 1900
Ein Pronomen ist verhaftet worden. Die frühen Jahre in Rumänien – Texte der Aktionsgruppe Banat. Herausgegeben von Ernest Wichner. es 1671
Rabinovici, Doron: Papirnik. Stories. es 1889
Rakusa, Ilma: Steppe. Eine Erzählung. es 1634
Rosenlöcher, Thomas: Die verkauften Pflastersteine. Dresdener Tagebuch. es 1635
– Die Wiederentdeckung des Gehens beim Wandern. Harzreise. es 1685
Roth, Patrick: Die Wachsamen. Drei Monodramen. es 1614
Schleef, Einar: Die Bande. Erzählungen. es 1127
Schöne Aussichten. Neue Prosa aus der DDR. Herausgegeben von Christian Döring und Hajo Steinert. es 1593
Split: Apfelsinen im Hals. Geschichten. es 1558
Stauch, Wolfgang: Eine schlechte Geschichte. es 1712
Steinwachs, Ginka: G-L-Ü-C-K. rosa prosa. Originalfälschung. es 1711
Struck, Karin: Kindheits Ende. Journal einer Krise. es 1123
– Klassenliebe. Roman. es 629
Thank You Good Night. Herausgegeben von Bodo Morshäuser. Alle Fotos: Michael Strauss. es 1227
Vogl, Walter: Hassler. Frequenzritte eines Straßenkehrers. es 1182
Von nun an. Neue deutsche Erzähler. Herausgegeben von Hans-Ulrich Müller-Schwefe. es 1003
Walser, Martin: Eiche und Angora. Eine deutsche Chronik. es 16
– Geständnis auf Raten. es 1374
Weiss, Peter: Abschied von den Eltern. Erzählung. es 85
– Die Ästhetik des Widerstands. Roman. es 1501
– Fluchtpunkt. Roman. es 125
– Das Gespräch der drei Gehenden. es 7
– Notizbücher 1960-1971. 2 Bde. es 1135
– Rekonvaleszenz. es 1710
– Der Schatten des Körpers des Kutschers. es 53
Sinclair (P. Weiss): Der Fremde. Erzählung. es 1007
Winkler, Josef: Die Verschleppung. Njetotschka Iljaschenko erzählt ihre russische Kindheit. es 1177

300/3/3.95